英语口语教学理论与实践探索

邓军莉◎著

吉林出版集团股份有限公司
全国百佳图书出版单位

图书在版编目（CIP）数据

英语口语教学理论与实践探索 / 邓军莉著. -- 长春：吉林出版集团股份有限公司, 2022.9
ISBN 978-7-5731-2531-6

Ⅰ.①英… Ⅱ.①邓… Ⅲ.①英语—口语—教学研究 Ⅳ.① H319.9

中国版本图书馆 CIP 数据核字 (2022) 第 181566 号

英语口语教学理论与实践探索
YINGYU KOUYU JIAOXUE LILUN YU SHIJIAN TANSUO

著　　者	邓军莉
责任编辑	黄　群
封面设计	李　伟
开　　本	710mm×1000mm　　1/16
字　　数	200 千
印　　张	11.5
版　　次	2023 年 3 月第 1 版
印　　次	2023 年 3 月第 1 次印刷
印　　刷	天津和萱印刷有限公司
出　　版	吉林出版集团股份有限公司
发　　行	吉林出版集团股份有限公司
地　　址	吉林省长春市福祉大路 5788 号
邮　　编	130000
电　　话	0431-81629968
邮　　箱	11915286@qq.com
书　　号	ISBN 978-7-5731-2531-6
定　　价	69.00 元

版权所有　翻印必究

作者简介

邓军莉，女，硕士研究生，毕业于大连海事大学。研究方向为外国语言学与英语教学。现任职于鲁东大学，讲师。主要教授英语演讲、英语辩论等课程。

前　言

随着经济全球化的发展，英语作为世界通用的语言，其重要性日益凸显。掌握系统的英语语言知识，具备良好的英语语言素质，已经成为当今社会对人才的要求之一。

口语是英语教学的一项重要内容，加之语言本身就具有极强的实践应用性特征。培养学生的口语交际能力，让学生能够在真实的英语语言环境中与他人展开交流是每位英语教师不懈追求的目标。

21世纪以来，我国的英语口语教学取得了一定成绩，部分学生在走出校门踏上工作岗位时，能够独立地进行英语口语交际。但是，仍有部分学生的口语水平不高，他们无法运用英语口语进行流畅的表达。学生口语学习的现状反映出当前英语口语教学存在的一些问题，如灌输式的教学方法使学生得不到开口锻炼与表达的机会，学生的口语水平无法获得实际性提升；教学内容设置不合理，学生虽然拥有很多英语教材，但其中口语交流的章节却少之又少；英语口语学习的氛围不够浓厚，教师在课堂教学中极少组织学生进行口语交际，也很少为学生创造口语学习情境；口语表达水平高的教师较为稀缺，多数英语教师有着出色的应试能力，却不注重自身口语水平的培养，致使学生也得不到专业的引导等。

面对英语口语教学的种种不足，广大英语教学工作者对口语教学改革的呼声越来越强烈。培养学生的口语能力，使之能够流利而顺畅地进行英语对话，成为英语口语教学的应有之义。为此，不论是教学理念的更新，还是教学方法的改革，不论是教学内容的调整，还是师资力量的增强，都刻不容缓。

本书共五个章节，第一章为英语口语教学概述，分别从口语及口语交际、英语口语与书面语、我国英语口语教学的现状与思考三方面进行阐述。第二章为英语口语教学的理论基础，主要阐述了建构主义理论、交际法教学理论、二语习得理论和合作学习理论。第三章为学生英语口语能力的培养，重点对四部分加以分析，分别为口语能力概述、英语口语教学的原则与方法、英语口语教学活动设计和英语口语对教师的要求；第四章为新时期英语口语教学的创新模式，包括翻转课堂教学模式在英语口语教学中的应用、PBL 教学模式在英语口语教学中的应用、基于 SPOC 的混合式学习在英语口语教学中的应用；第五章为英语口语测试研究，重点阐述了口语测试的特点及分类、国内外重要的口语测试、口语测试的题型与评价、口语测试备考策略分析。

  在撰写本书的过程中，作者得到了许多专家、学者的帮助与指导，参考了大量的学术文献，在此表示真挚的感谢。本书内容丰富新颖、系统全面，论述深入浅出、条理清晰，但由于作者水平有限，书中难免会有疏漏之处，希望广大同行及时指正。

作者
2021 年 12 月

目　录

第一章　英语口语教学概述 ……………………………………………………… 1
　　第一节　口语及口语交际 ……………………………………………………… 1
　　第二节　英语口语与书面语 …………………………………………………… 9
　　第三节　我国英语口语教学的现状与思考 ………………………………… 15

第二章　英语口语教学的理论基础 …………………………………………… 28
　　第一节　建构主义理论 ……………………………………………………… 28
　　第二节　交际法教学理论 …………………………………………………… 37
　　第三节　二语习得理论 ……………………………………………………… 46
　　第四节　合作学习理论 ……………………………………………………… 53

第三章　学生英语口语能力的培养 …………………………………………… 71
　　第一节　口语能力概述 ……………………………………………………… 71
　　第二节　英语口语教学的原则与方法 ……………………………………… 86
　　第三节　英语口语教学活动设计 …………………………………………… 97
　　第四节　英语口语对教师的要求 ………………………………………… 110

第四章　新时期英语口语教学的创新模式 ………………………………… 116
　　第一节　翻转课堂教学模式在英语口语教学中的应用 ………………… 116
　　第二节　PBL 教学模式在英语口语教学中的应用 ……………………… 121
　　第三节　基于 SPOC 的混合式学习在英语口语教学中的应用 ………… 128

第五章　英语口语测试研究……………………………………………133
　　第一节　口语测试的特点及分类………………………………133
　　第二节　国内外重要的口语测试………………………………137
　　第三节　口语测试的题型与评价………………………………146
　　第四节　口语测试备考策略分析………………………………165

参考文献………………………………………………………………169

第一章　英语口语教学概述

学生的口语表达能力之所以在英语教学中越来越受到重视，其根源在于社会的发展对人们英语口语水平提出了更高的要求。本章从口语及口语交际、英语口语与书面语、我国英语口语教学的现状与思考三方面出发，对英语口语教学进行阐述。

第一节　口语及口语交际

口语，即人们进行口头交流沟通时所用的语言。因此，在所有的语言形式中，口语最早为人类所接触与应用。纵观人类发展的全过程，即使在文字出现以后，口语仍是人际交往时所用语言的主体，是人际交流中每时每刻都不可或缺的存在。此外，除却人与人之间最基础的沟通，口语在漫长的岁月中，还一直是人类认识世界、学习交流的基本工具。因此，口语在人类社会的发展和进步方面，影响力不言而喻。

人们在实际的交往中，以口语为载体，进行来自交际双方的信息交流活动，这一活动就称之为口语交际。口语交际与口语密不可分，二者共同推动着人类社会的进步与发展。因此，不仅学生在学习时不能忽略口语交际能力的学习培养，而且教师在授课时更应该提高对口语及口语交际的重视，提升口语教学的质量。

一、口语

（一）口语的含义

口语，简言之，就是口头上的语言。《现代汉语词典》对此有着相应的定义：谈话时使用的语言（区别于"书面语"）。[①] 此外，学界对此也有着更为全面的定义，

---

① 中国社会科学院语言研究所词典编辑室.现代汉语词典[M].北京：商务印书馆.2018.

即所谓口语,就是口头语言,这一口头语言被使用于我们日常生活的口头交际中,依靠听觉来实现,并时常借助其他辅助手段来为之注入感情。

(二)历史上不同时期对口语的认识

口语是最直接、最方便、最经济的,同时也是最重要的交际工具。早在人类社会发展的初级阶段,人们就已经对口语形成了初步的认识。随着人类驾驭语言能力的不断提高以及社会发展的迫切需要,人们对口语的认识更加系统化,对口语教学理论的研究也进一步深入。

1. 对语言的早期看法

早在古埃及时期,口语艺术就已经和劝说他人的能力以及借助修辞手段影响他人的能力紧密地联系在了一起。在古希腊,口语方式的系统辩论方法可以追溯到公元前5世纪,并且在公元前460年左右达到它发展的顶峰——"诡辩"。

相比单纯的以学习口语技巧为目的而言,人们更大的言语学习动机是向往更高的受教育程度和满足法庭辩论的需要。

除了在法律和辩论方面所起的作用,口语艺术在古希腊的政治生活中也占据着举足轻重的地位。古希腊演说家及政治家狄摩西尼斯将强有力的言语形式带入到公众的政治生活中,他的名字也几乎和"修辞"成为同义词,以至于文艺复兴也受到他的影响。

这一时期流传下来的关于口语艺术的最著名的作品要数亚里士多德的《修辞学》。在此书中,口语技巧的传授被分解为三个层面的问题,即说话者、听者和语言。此书的成功之处在于它综合处理了理论和实际运用的关系,在一定程度上将内容与形式合二为一。早期希腊讲授口语技巧的教师将一些至今仍影响西方辩论模式的关键性理念引入其中,如利用概率的概念作为说服他人的工具,使言语的体系性更强,并利用情感因素说服听众。

随着古罗马文明的兴起和诸如西塞罗、昆提利安等著名学者的出现,希腊的修辞理论在法律和政治领域得到了广泛运用。而该时期人们对于口语教学的一些早期认识时至今日仍被认为是正确的。

虽然人们对于语言的认识自古有之,然而,口语教学真正形成理论是在18世纪之后。

2. 口语理论的演进

曾经,"标准的语法"如何被正确使用是语言研究的重点所在,这一思想可追溯到18世纪。可尽管如此,人们也从未放弃对"优雅的语言"的追求。正是在这样的背景下，18世纪末期，一种名为"语法翻译法"，又称"翻译法"的教学方法，在外语教学中产生了巨大的影响力。语法翻译法，即用母语来进行外语的教授。这一方法自问世以来，便在外语教学领域占据了统治地位，并持续了相当长的一段时间。

这一时期，人们对口语的兴趣逐渐增加，而学校的教育却并未因此受到太大的影响。口语理论的显著变化，要到19世纪才能体现。19世纪80年代，一场关于语法翻译理论的改革运动逐渐兴起。这次改革强调了口语在教学中的首要地位，并提出教学的核心应当是主题相联系的语篇。在改革的浪潮中，语法翻译法这一19世纪早期在欧洲广为使用的理论方法，自此逐渐淡出教学的舞台。与此同时，自然法、谈话法、直接法、交流法等更为先进的教学方法，开始走入口语教育的殿堂。

相较于其他教学方法，听说法有着更为系统的理论基础，更为全面的理论体系，以及更为丰富的理论内涵。

听说法的理论基础，源自结构主义语言学和行为主义心理学。因此，在语音和口语的训练中，"先输入后输出"成为听说法的主张，"听说领先"的教学原则也顺势被提出。"听—说—读—写"，是听说法所提倡的学习顺序，在其看来，相比于外语的词汇，掌握外语的音系更加重要。在听说法的主张里，养成一套新的语言习惯对学生而言尤为重要，因此，诸多的实践练习，如模仿、记忆、重复、交谈等，占据了教学过程中的大部分时间。

在诸多外语教学法尤其是口语教学法中，听说法具有划时代的意义。其不仅为外语教学理论选择了语言学理论作为基础，使得外语教学法有了更为科学的根基，还巧妙地使外语教学与心理学、现代语言学相结合，推动外语教学向前迈进了一大步。

20世纪50年代，情景教学法在法国悄然兴起，并逐渐传播至英国等国家。此时，彩色出版物逐渐普及，录音技术也不断改进，在一系列技术的推动下，"以语言为媒介推进语言学习与教学"的观点应运而生，并成为大多数教学方法论的核心。

然而，在20世纪前中期，口语理论自相矛盾的情形，也在语言教学中显现。因为尽管口语在教学过程中得以应用，但口语交流并非是实际应用的形式，换言之，练习语法结构与口语交流二者从根本上就存在着相互限制的情况。

听说法的弊端逐渐显现，离不开认知理论和社会语言学理论的影响。二者在20世纪70年代得到发展，并促使语言学家们意识到：听说法对语言结构形式的重视，会使其忽视掉语言的内容和意义；而其在教学过程中的机械性操作，也会使句型操练与语境脱离,在这种枯燥的教学模式下,学生难以将语言在交际中进行创造性的运用。

因此,一种以实用、交际为出发点,注重培养学生交际能力的教学方法被提了出来,被称为意念功能教学法,亦作意念法、功能法或交际法。在其观点里,外语教学要以语言的意念和表意功能为纲,这是与以语法为纲的语法翻译法和以表意为纲的听说法最本质的不同。根据这一方法,学生成为学习的中心,学生未来的实际外语需求成为教师教学的主要内容,"培养学生掌握交际能力"的教学目标也使得教学过程更为交际化。自 20 世纪 60 年代到 80 年代,前有乔姆斯基著作的影响,后有交际法的发展,口语教学领域逐渐分化为两个方向,而这两个方向,都对当今社会人们对口语的认识产生了不可磨灭的影响。

近年来,在交际法的基础上,外语教学界结合二语习得的研究成果,提出了"任务型口语教学"这一新的模式。一方面,该模式以其对口语交际意义和学生交际能力的注重而备受推崇,另一方面,其对交际的过分依赖弱化了语言交际的整体性,使学习者对交际策略和省略语言日渐依赖。因此,斯克汉(Skehan)提出了语言学习认知法。针对前者的不足,斯克汉提出,语言若要实现持续而平衡的发展,需要同时兼顾其流利性、准确性和复杂性,将形式和意义有机结合,这就要求教师在交际环境和教学任务中将学生的注意力合理分配,同时也对教学任务的合理设计和控制提出了更高的目标。语言学习认知法是一个平衡流利性和准确性的发展以及中介语重建的理论模式,使得任务型口语教学模式获得了新的发展空间。

(三)口语的特点

口语是与书面语相对而言的语言形式,与书面语相比,口语具有以下共同的特征:

1. 语言形式的有声性

口语是口说、耳听的语言形式,是靠声音来传递信息、交流思想的。因此,有声性是口语最根本的、也是最显著的特点之一。

通常认为语言是语音和语义的结合体,语音是语言的物质外壳,这里所说的语言指的就是有声语言,也就是口语。对于口语来说,声音是其外在形式,也是语义赖以存在的物质载体,离开了声音,语义也就不复存在了。

2. 语言与思维的同步性

语言和思维是伴随着人类社会的产生而产生的一对孪生兄弟,两者有着密不可分的特殊关系。

首先，思维是语言的基础，离开了思维，语言就难以形成。同时，语言又是思维的工具，如果不以语言中的词语和句子作为凭借，思维就无法进行复杂有序的活动。语言和思维这种密不可分的关系，决定了语言活动与思维活动的同步性。

在口语交际中，由于不允许有更多的思考时间，"言"与"思"的同步性表现得更为突出。当然，这里说的"同步"仅仅是一个相对概念，并不是强调时间上的绝对同步，而是强调"言"与"思"的不可分离。

3. 表达手段的多样性

书面语是一种静态的语言形式，它是靠文字符号来表情达意的，其表达手段受到一定的限制。而口语则不同，它是一种动态的活的语言，其表情达意的手段也更为丰富多样。

首先，口语表达所使用的声音手段本身就是多种多样的。比如，语气和语调、语速和音量、重音和停顿、节奏和韵律等，都可以是区别不同思想与情感的重要手段。其次，口语中还经常借助于哭、笑、叹气等"副语言"和眼神、面部表情、手势、动作等非语言手段来辅助说话，使它们成为伴随有声语言表情达意的重要的辅助手段。

表达手段的多样性，是口语表达灵活、真挚的重要原因。

4. 语言风格的简散性

在口语交际中，"言"与"思"都来得较快，来不及精细加工，因此，其遣词造句就出现了形式简略、结构松散的风格特征。口语多用通俗易懂的大众化词语，多用较少带修饰成分和联合成分的短句以及自然句、省略句等。口语表达受时间的限制，不能或来不及刻意追求语法结构的完整性和逻辑表达的严密性，因此造句少用关联词语，表达中停顿多、重复多，有时甚至会出现成分脱落、结构易位等情况。正是这些特点，形成了口语语言风格的简散性。

语言风格的简散性，在给口语带来了自然、灵活、便捷的优点的同时，也给口语带来了表达粗糙、缺漏甚至言不达意的缺点。因此，应该正确认识口语表达简散性的优缺点，从而规范口语表达、提高口语质量。

二、口语交际

（一）口语交际的概念

口语交际，即交际者为了达到某种交际目的，运用口头语言交流信息的一种社会交往活动。口语交际通常包括以下要素：

1. 口语交际的对象

交际，即人与人之间相互交流信息与情感的过程。这里指的交际，不仅局限于个体与个体之间，也可以在个体与群体之间进行。口语交际，即信息发出者和信息接收者双方互动的言语活动。因此，从概念上讲，说者和听者是口语交际的主体，两者缺一不可。

2. 口语交际的目的

在口语交际的过程中，说者通常存在一定的交际目的。应该说没有交际目的的交际活动几乎是不存在的，即使生活中经常出现的闲聊也是带有某种目的，或是交流思想，或是交流感情，或是交流信息。因此，交际意义的实现以及交际活动的成功，必须要以特定目的的实现为前提。

3. 口语交际的语境

语境，即语言表达和语言交际的环境。通常来讲，语境涵盖了时间、空间及交际对象等诸多因素。因此，口语交际目的的实现，必须要以语境的选择为依托，既要关注环境对人心理的影响，从而选择恰当的时间地点，也要对交际对象进行多维度的了解，如对方的语言习惯、生活习惯、性别、年龄、情绪性格职业、身份等。

一个好的表达者，通常是时时刻刻关注听话者的，会尽可能多地了解对方；反之，目中无人的说话者则不会被听众所接受。

4. 口语交际的方式

一定内容的交际活动总是要通过相应的交际方式来进行的。口语交际的方式一般可以分为会话体说话和独白体说话两种：会话体说话通常包括会话、讨论以及辩论等；独白体说话一般包括复述、讲故事、即兴发言演讲等。在具体的交际活动中，交际方式可以混合交替使用，也可以单独使用。

（二）口语交际的特点

1. 口语交际的交际性

在口语交际中，交际才是真正的目的，而言语或非言语表达，不论对于听者还是说者而言，都只是一种形式。因此，为了交际目的的达成，交际者除需要对语言表达本身进行训练，还应对人际礼貌、身份协调、文化冲突等交际中的规则进行领会。

2. 口语交际的即兴性

一般情况下，口语交际活动通常是在双方没有充分预料的条件下发生的，而往往有准备的正式场合下的口语交际活动受到现场交流对象的情绪、态度等一些不确定因素的影响需要随时进行调整。因此，口语交际具有即兴性。

3. 口语交际的情感性

在口语交际中，情感不仅影响着双方的声音与神情，甚至对交际的时间、话题的选择等因素都有着明显的影响，进而影响交际的效果。此之谓口语交际的情感性，其在交际活动中发挥着不可忽视的作用。

4. 口语交际的互动性

口语交际是一个同时受到主观意识与客观条件控制的过程，是交际双方的互动。因此，这必然是一个充满变数和应对技巧的过程，即能动的过程。这一为了实现交际目的而产生的能动反应，就是口语交际中的互动性。

（三）口语交际的原则

1. 目的性原则

所谓目的性，就是指人们所说的语言应当准确表达自己的意图。普通的语言往往是简单的有感而发，因此会难以把握重点，而在口语交际中，则要求讲话者紧扣主题，言表心声，从而通过对自身语言行为的控制，推动交际目的的实现。

在交际过程中，往往会出现这样的情况：说者按照预期的目的进行语言表达，但由于措辞不当，或是缺乏对听者的必要了解，导致听者的误解甚至反感，形成"说者无心听者有意"的情况。此外，若交际双方"兴之所至"，或是交际对象、周围环境等因素发生变化，还时常会使交际双方在不觉间偏离主题。因此，面对复杂的交际过程，对语言进行调节控制是十分必要的。

在语言交际过程中，必须始终坚持目的性原则和最优化原则。正所谓"万变不离其宗"，虽然语言的内容千变万化，但其核心都是为特定的目的服务。在交际中，既要注意语言的输出与反馈，也要始终瞄准交际的目标，只有灵活多变，才能对答如流。

遵循目的性原则，并非要直来直去、一成不变。当话题、对象、场合、语境等要素发生变化时，讲话者也要进行相应的应对，以不同的方式聚焦自己讲话的目标。有时甚至要进行必不可少的"绕弯迂回"，从而曲径通幽，最终实现交际的目的。

遵循言语交际的目的性原则，要做到心口一致，即以口表心，以言表情。在心中始终秉持着主旨，从而使话语如箭，直指靶心。

2. 对象性原则

对象性原则，即在交际过程中，语言表达要受到交际对象的制约。如，交际对象的身份职业、思想性格、文化修养等，都是重要的制约因素。

例如，听者的文化修养直接影响着对话语的理解能力，因此表达者需要根据不同对象的水平采取不同的话语进行表达，避免"瞎说""白说"。再如，听者由于身份职业、精神状态的不同，对同一话语的理解也会出现偏差，表达者如果不能根据听者的身份、心情等调整语言的针对性，即便有着良好的出发点，也难免发生"言与愿违"的情况。

因此，在口语交际中，若想实现理想的交流效果，就需要培养对象意识，根据特定情境对话语内容和表达方式进行取舍，以一定的身份向他人表达自己的意愿。

3. 时空性原则

交际的时空性原则是指人们使用语言总是在一定的社会活动中，因此，社会中的种种因素都会对语言进行相应的渗透与制约。正因为语言是一种社会现象，所以会不可避免地受到时间地点、人际关系、文化习俗等因素的影响。可以说，语言既存在于社会，又服务于社会。

以"你在做什么？"这句简单的话为例，在不同的时空中，就会表达出不同的含义。在中国，这句话通常表达一种关心，或是以打招呼的方式而存在，其核心目的并非要"刨根问底"。但是在英国，"What are you doing?（你在做什么？）"则会蕴含一层"干预他人私事"的含义，会招致对方的反感。而美国，同样作为一个讲英语的国家，当问及这句话时，便多了一分严肃，且更加偏重对工作的询问，需要听者认真地进行回答。

时空性原则对讲话者的临场意识、时空意识和情境关系意识提出了要求。讲话者要依照特定的时间和场合，留意讲话中所涉及的多方面的关系，争取做到滴水不漏，把话说得恰如其分、恰当其时。

4. 真切性原则

真切性原则，其核心便是"感情"二字。缺乏感情的信息势必会变得冰冷，在语言交际中便会显得苍白无力，而使交际的目的也难以达成。人皆是理性与感性的结合体，因此，在交际的语言中，不仅要诉诸理性因素，更需要真切动人的感性信息，感性信息与人的情绪交融，往往能够产生更为丰富的内涵。这便是真切性原则的体现。

5. 礼貌原则

礼貌原则是人们对礼貌行为建立的规范标准。它与其他原则相比更具有普遍性，是每个人在社会交往中所必须遵守的原则。文明礼貌是千百年来世代相传的一种道德行为，它与社会的文明程度成正比。社会文明程度越高，人们则越讲究礼貌。文明礼貌同时也是一个社会文明达到何种程度的一个外在表现形式。

礼貌原则主要包含以下内容：

（1）得体准则——减少损害他人的观点，多让他人得益。
（2）慷慨准则——减少利己的观点，多让自己吃亏。
（3）赞誉准则——减少对他人的贬损，多赞誉对方。
（4）谦逊准则——减少对自己的表扬，保持谦虚。
（5）一致准则——减少与他人观点的分歧，求同存异。
（6）同情准则——减少与他人感情的对立，增加双方之间的共情。

第二节　英语口语与书面语

一、英语口语与书面语的关系

（一）二者在时间顺序上的关系

从时间顺序上进行比较，人们通常认为口语是第一性的，书面语是第二性的。

关于这一论断，最直接的证据源自科学家对于语言起源时间的研究。有声语言的产生要追溯到原始人类所在的远古时代。彼时，人们还在进行集体劳动，并在劳动中逐渐产生了交际交往的需求，口语便在那时应运而生。

至于书面语的产生，其时间必然处于文字产生之后。研究表明，即使最早诞生的文字，也要追溯到奴隶社会时期，即"国家"这一概念出现之后。至于更早期的原始文字，虽然可以追溯到石器时代的中后期，但并不能够称之为真正意义上的文字。因为彼时的图画文字并不足以用来代表一定的词句，更不能对语言进行记录。

因此，从语言起源的角度来说，书面语的时间要远远晚于口头语。

在当今世界，数以千计的自然语言正在被使用，而且都具有口语形式。可以说，口语是自然语言中最普遍的现象。

纵观当今世界的诸多语言，有些时至今日还没有确切的文字表达形式，显然也谈不上书面语言。此外，有些语言已经灭绝，仅有书面语留存于世，但无法否认，其口语形式一定诞生于书面语形式之前。可以说，书面语依赖口语而存在，口语是书面语的必要条件。

我们甚至可以这样认为：口语是语言中的普遍现象，而书面语则是语言中的个别现象。

显然，在学习语言的过程当中，口语先于书面语。即使在有文字的语言中，人们也是首先掌握口语，其次掌握书面语。此外，母语口语的学习与获得是自然的，不需要父母或老师刻意地教授。书面语则与其大不相同，它需要通过专门的训练才可获得。

（二）二者在社会功能上的关系

从社会功能上看，书面语是第一性的，而口语是第二性的，这一点与二者的时间顺序大相径庭。

就任意两种语言相比较，从语言学的观点来看，因为其本身是复杂的，且各自都具有一套规则体系，无论该语言是否有文字，它们都没有好坏之分，也都能够实现交际目的。但是，从社会功能方面来讲，有文字的语言往往比没有文字的语言更具优越性，这是因为它们的用途更广，作用也更强。

在交际方面，口语承担着主要的任务，而在交际之外，书面语往往承担着更多口语难以胜任的功能。

1. 记忆功能

文字克服了语言交际在时间和空间上的局限性，使转瞬即逝的语言可以传于异地，留于异时。因此，各种账目、合同、讲义等大都依赖于书面语。利用文字记录语言，相较于口语会更为准确且具有广泛的实用性。书面语不仅能够适应各种不同的目的，且可以在一定程度上突破时间及空间的限制。再简单地讲，"不会随着时间的推移而被人遗忘"，这便是记忆功能的直接体现。

2. 知识积累功能

前人积累的经验、知识，重大发现以及各种理论方法等都可以利用书面语记载下来，这样有助于后人在前人的基础上继续学习和研究。同时，后人也可以用批判的眼光对前人用文字记载下来的东西进行进一步的研究和探索。可以说，书面语对各种学科的发展、各种理论的涌现都做出了巨大贡献。

3. 辅助管理功能

书面语可以帮助国家进行治理。同一个国家通常存在不同的方言，这就导致一个方言区与另一方言区之间仅仅依赖口语很难达到交际的目的，但是若该语言具有统一的文字语言，就能够通过书面语来实现交际了，同时也能够实现对这些地区的治理。由此可见，书面语在行政管理方面发挥了巨大的作用。

二、英语口语与书面语的区别

口语和书面语是两种不同的形式，两者是相互独立的，且有各自的优越性。同时，两者又互为补充。

"口头"英语和"书面"英语的定义，早在英国著名学者帕麦尔（Palmer）和布兰德弗（Blandford）的《英语口语语法》一书中便有所提及。书中提到，"口头英语"一般指受过教育的英国人"在通常的会话或写信给亲密的朋友时所用的那类英语"，而"书面英语"是指"包括我们通常在书籍、评论、报纸、正式书信中或是在正式会谈中（特别是在陌生人之间）所听到的英语"。

通常来讲，语言包括内容、形式和语境三个层次，因此，英语口语和书面语的差异，也重点体现在这三个方面。

（一）组成内容的差异

口语与书面语组成内容的差异，主要是因为二者传播媒介的不同。口语的本质是声音，在传播过程中受到时间与空间的限制较大，可以说转瞬即逝，是动态的、短暂性的。相较于口语，书面语则在很大程度上突破了时空的束缚，其由书面符号组成，则可以"传于异地，留于异时"，是静态的、永久性的。

口语与书面语一动一静，保留时间一短一长，这便是二者最显而易见的区别。

（二）表达形式的差异

词汇特征和句子结构特征，是二者在表达形式方面最主要的两个差异。

其一，词汇特征方面的差异。

首先，为了使得交际语言更加生动活泼且通俗易懂，许多词汇在使用中都具有鲜明的口语色彩，例如流行语、歇后语、谚语、口语词、习语、俚语等。此外，短语动词也经常出现在口头语中。但是在较为正式的书面语中基本不用或较少使用这类词汇。

其次，语气助词也是口语的显著特征，如 oh，yeah，hi，hello 等，在书面语中则难觅踪迹。

再次，口语中存在填补词和一些词义比较模糊的词语，这也是英语口语中独有的特点。因为人们在进行交际时常常出现停顿、犹豫、思索等情况或一时找不到恰当的词语来表达某一概念，为了使交际继续进行，此时往往需要借助填补词及模糊词语。例如，美国人对"um"一词的使用，在日常生活中，频率可达一分钟 10—15 次，一小时可达数百次。这类词语若用于书面语中，文章则会显得极为琐碎，甚至令读者摸不着头脑。而在生活中，这些词汇的使用则可以帮助人际交往更为顺利地进行。

此外，缩略词和一些罕见词汇的变体形式，也往往仅存于口语中，书面语中很少甚至会禁止使用。

最后，英语口语与书面语的词汇量也有着天壤之别。在口语的常用词汇中，1000个常用词就占据了口语词汇的94%，而在书面语中，3000个常用词才达到常用词汇的95%。究其原因，是口语中词汇的变化更少，重复率也更高。此外，在文学创作中，作者往往为了人物刻画、场景渲染等目的，广泛使用大词，从而为作品蒙上高雅、庄重的色彩；而在对政治、经济、文化、科技等事物进行叙述时，又要较多地使用专业术语，使其在用词上意义精准，剔除感情色彩。

其二，句子结构方面的差异。

首先，口语大多面向日常生活，因而简单句在口语中被广泛使用，甚至在不影响日常交流理解的情况下，结构不完整的语句也时常在口语中出现。相比较而言，书面语则显得更为正式，其中除了简单句之外，并列句、复合句等也经常被使用。在书面语中，句子结构严谨，逻辑关系严密。例如，在复合句中，从句为主句服务，使得主句的思想更加突出。主句和从句通过先后次序的调整，可以产生不同的文体效果，使谈话人显得轻松、自如，语言富有口头主体色彩。而并列句结构能体现平易的均衡美，使语言显得平实大方、语意前后贯通。

其次，在主语的选择上，口语更偏向于人称代词，而书面语则更青睐于非人称代词。结合内容来看，口语更加突出行为过程与事件的发出者，主句与从句为动态关联关系；书面语的取舍则相对复杂，由于语篇的构成不同，所以行为过程与事件发出者是否为重点突出对象还要根据实际情况进行选择。

再次，在口语和书面语中，主要信息的位置也有所不同。口语中往往将主要信息前置，然后再详加论述，而书面语却通常将主要信息进行后置。

最后，书面语的句子结构更为缜密，更具逻辑性，而口语中则会出现大量的停顿、省略和重复。这是因为，书面语往往是有计划地写成的，而口语却更为即兴。在即兴的表达中，更换话题、省略语句、自我补充等情况时有发生，句子的结构也更为松散。

（三）语境的差异

口语和书面语在语境层面的不同，首先体现在二者对语境的依赖性不同。口语对语境的需求更强，且还要依赖非语言环境，通常更加含蓄。书面语不仅对语境的依赖较小，也不需要言外语境或是作者与读者间的适时互动，更加直接、独立。

二者的另一个语境差异，是传递手段的不同。口语可以用非常丰富的辅助手段来传递意义，如手势、眼神、表情，或是在语言中对语调、音量、语速、停顿等方面的调整。这些都是非字符的信号，是书面语无法实现的。相比之下，书面语则需要通过句法、修辞等手段，来起到铺垫背景、烘托文章、刻画内心等的作用。

口语和书面语是两种不同的交流方式，因此，二者对语言的侧重也各有不同。口头语言的交流是双向的、适时的，所以情感表达和交际功能常常为口头语言所强调。书面语言则不需要口语般及时的反馈和回应，作为一个单方面独立的交流过程，书面语言所强调的是描述、认知和论辩能力。

口语与书面语的差异，自然不仅局限于上述所列举的内容。对最佳交际效果的把握，仍要以正确理解二者的差异为前提。尽管二者之间有着形形色色的不同，但追根溯源，却有着共同的出发点和目标——对世间的事物进行描述。而从语言系统的层面看，二者也无法"各自为政"，均需要使用相同的词汇、语法系统来进行表达。

至于口语和书面语在结构上的关系，二者并非完全对立的，没有一种结构只出现于口语或书面语之中，仅仅是哪里更多与哪里更少的差别。

三、对口语教学的启示

对英语口语与书面语关系的探讨可以使我们从中得到一些有益于口语教学的启示。

（一）正确处理口语与书面语的关系，增强语言输入与储备

在母语的学习中，口语毫无疑问是第一位的。而在外语学习过程中，书面的学习则往往居于首要位置。这是因为，没有必要的语言环境，外语的学习者就必须依赖书面语来学习识字发音。

语言教学的核心部分是语言形式，因此，书面语作为在外语学习前中期的重点，在遣词造句、结构组织等方面应尤为突出。在口语学习中，"听"与"说"紧密相连。学习开口说话的基础便是"听"，同时它也是获取语言知识及信息的重要手段之一。另外，学生获得语言以及学会恰当表达个人观点的最基本途径就是进行大量的听力练习。不仅如此，语言的习惯性行为有赖于大量的背诵。口语能力的转化，需要以思想为前提，而语言和思想的融合，则需要以反复背诵作为基础。

（二）在对话中学会口语

在我国，学生大多局限于在课堂上进行口语学习，学习材料也多源于以书面语为主的英语教材及与之相配套的录音，而教师用来授课的英语也通常是提前准备的。在上述环境之下，学生所能接触到的口语一般是流利、准确无误的，这就导致学生学习口语的语境不够真实、生动。因此，口语教材的甄选、改良，就显得十分有必要。例如，将一些更具文学色彩的或是叙事性强的故事进行适当删减，并多加入一些对话类的内容。

此外，如何为学生人为地创造口语练习环境，也是教师应当思考的问题。例如，开展日常会话、专题讨论、演讲独白、访谈辩论等口语活动。同时，在教学中尽量避免让学生自我陈述或背诵某些东西，可以用师生之间或学生之间的对话来代替。教师在引导学生对话练习时不应该过多地强调用词的准确性、表达意义的概括性和对话结构的完整性，而应该注重如何保持对话交际的连续性、照应性和衔接性。起初，学生难免会在口语练习中出现"照本宣科"地背诵的现象，但随着学习的深入，教师应多鼓励、要求学生用自己的话进行交流。同时，若想在互动交流中表现得更加自然、得体，既要明白口语和书面语的主要特征，又要理解口语表达策略，二者缺一不可。

（三）培养用英语思维的习惯

英语思维，即不受母语的干扰，直接用英语理解、判断和表达的能力。有没有英语思维，在书面交际中表现得尤为明显。由于文化背景、意识形态等方面的差异，没有英语思维的人，在书面交际中往往难以将意思准确地表达出来，甚至造成表达错误。在口语交际的接收环节，拥有英语思维的人，可以做到"获取信息—记忆"，若缺乏英语思维，则需要进行"获取信息—译为母语—记忆"。同样地，在表达环节，前者可以做到"思考—表达"，而后者则需要进行"以母语思考—译为英语—表达"，为口语交际带来诸多不便。

所以，口语教学不仅要进行基础的词汇、语法、句型教育，更要对学生进行相应文化的普及。学生在不断接受包括浅层文化和深层文化在内的文化教育过程中，增加对文化差异的认识，从而更为自如地进行英语思维能力训练，进而使交际能力得到提高。

(四)重视辅助手段的作用

口语教学的目的,不仅在于实现简单的交流行为,而且更需要让学生的口语达到活灵活现、充满思想、饱含情感的地步,如此才是真正的口语。而在人与人之间交流时,丰富情感的表现离不开手势、表情、语调等手段的辅助。因此,在进行英语口语交流时,也应当充分发挥这些辅助手段的作用。

基于此,在口语教学中,教师需要具备深厚的英语功底和丰富的口语经验,对口语练习的内容,也要增加其趣味性。如此学生不仅在课堂上可以表现得惟妙惟肖,更能够被激发出表达的欲望。

第三节 我国英语口语教学的现状与思考

一、英语口语的教学目标

(一)制定口语教学目标的原则和依据

教学目标并不是盲目制定的,必须遵照一定的原则和依据科学地制定教学目标。

教学目的和教学任务是制定教学目标的最基本依据。制定教学目标,实施目标教学,其目的就是更有效地达成教学目的,完成教学任务。教学的全部内容最终都是由教学目的所决定的,作为教学内容重要体现者的教学目标当然受教学目的的制约。

学生口语能力的提高,是英语口语教学的首要任务。这一点是不言而喻的。

教学目标除包含确定的内容之外,还涉及思想、习惯、情感、行为、能力、智力等多方面的要求,这些目标的确定当然首先取决于教学目的,但也必须考虑具体的教育对象。在教师制定教学目标时,教育对象的年龄、性格和认知特点等,这些都是不容忽视的因素。因此,作为制定教学目标的具体依据,教学大纲和教材在教学内容、目的、任务的选择上,需深思慎取。具体实施中,如何正确把握总的要求和具体依据的关系是非常重要的。

在明确依据的前提下,制定教学目标还必须严格遵守如下几条原则:

第一,忠实于教学大纲。

如上所述,教学大纲集中体现了教学目的、教学方针、教学内容、教学要求。

因此，保证全部目标能够贯彻和体现党的教育方针、能够较好地完成教学任务，其前提是对教学大纲中教学目标、内容、范围和能力要求的严格遵守。

第二，要兼顾知、情、意、行。

教学目标必须体现全部教学目的，只设计知识目标，或者只提出能力要求是远远不够的，忽视情、意、行等方面的目标是当前教学目标制定中急需解决的问题。

第三，全面把握与突出重点。

制定目标必须全面，不能遗漏知识点，也不能忽略必要的知、情、意、行等方面的内容，这是制定教学目标的基本要求，也是基本原则。但全面把握的同时又必须突出重点，对重要的知识、关键的概念、必要的技能和基本的学科特殊能力，以及必须建立的情感模式，如强烈的求知欲望、良好的行为习惯、优秀的道德品质等，则必须给予重点保证。要多角度、多层次地设计，要反复循环设计。

第四，突出隐性目标的原则。

显性目标是明确的、具体的，一般是容易把握不易忽视的，隐性目标与此相反，它在整体上可能是明确的，对于某个学科来说也可能是具体的，但具体到学科特别是课时中的目标时，它往往又是不可把握或不好把握的。但离开了具体的课时目标，隐性目标又是无法落实的。因此，强化隐性目标的意识、突出隐性目标的制定，是当前制定教学目标的一个重要原则。

以上四项原则，主要是结合当前教学目标制定中存在的一些突出问题提出的。从不同的角度还可提出另外的一些原则，通常认为，确定教学目标的原则的出发点是教学实际，离了具体的现实就不好谈什么原则。

（二）英语口语具体教学目标分析

基础目标、提高目标和发展目标构成了英语口语教学目标中的三个等级。

1. 基础目标

（1）简单、多轮地使用英语进行日常交谈；

（2）简单使用英语描述一般事物；

（3）稍加准备可以简单阐述熟悉的话题；

（4）简单讨论学习工作的相关话题；

（5）语言表达结构比较清楚，语音、语调、语法等基本符合交际规范；

（6）恰当运用基本的会话技巧。

2. 提高目标

提高目标主要面向英语基础较好、对英语需求较高的学生。其要求如下：

（1）流利地使用英语进行一般性话题的对话；

（2）较好地表达个人意见、情感、观点；

（3）对事实、理由事物等进行陈述；

（4）阐述、解释、比较、总结熟悉的观点、概念、理论；

（5）语言组织结构清晰，语音、语调基本正确；

（6）较好地运用口头表达与交流技巧。

3. 发展目标

发展目标主要面向学校人才培养计划的特殊需要，以及部分学有余力学生的多元需求。具体如下：

（1）流利、准确地使用英语讨论通用领域或专业领域里一些常见话题；

（2）将篇幅较长、有一定语言难度的文本用简练的语言进行概括；

（3）在国际会议和专业交流中宣读论文并参加讨论；

（4）参与商务谈判、产品宣传等活动；

（5）恰当地运用口语表达和交流技巧。

二、英语口语教学的发展模式

在英语口语教学中，教学水平的提高是必不可少的。一方面，教师应当对语境的创造、文化差异的比较和语言规律的把握提高重视。另一方面，对英语口语水平的发展轨迹，即初级、中级、高级的三阶段教学原则，也应当严格遵循。详细来说，英语口语的发展包括三个阶段，即陈述性知识阶段、程序性知识阶段和程序性知识的重构阶段。

近年来，国外学者卡斯柏（Laver Kasper）和勒伟（Levelt）等人针对单语产生模式开展了研究。在我国比较著名的学者吴旭东和张文建，讨论了第二语言口语能力发展。经其研究，外语课堂口语发展理论模式、外语课堂环境下口语非语言方面的发展以及口语流利性发展等问题，都取得了相应的进步。

（一）勒伟（Levelt）的语言产生模式

1. 知识部分

知识部分由两方面构成。

其一，陈述性知识，即"是什么"的知识，主要包括会话知识、场景知识、语言产生所需要的概念及词汇等知识。

其二，程序性知识，即"怎样做"的知识，主要指借助操作步骤推论得到的知识。

2. 概念形成机制

说话人自行选择与所要表达的意图有关的陈述性知识，并按照一定的次序将这些陈述性知识组织为话语前信息。这种功能叫作概念形成机制。这些话语前信息就表现为命题内容输出到形成的合成机制。

3. 形成合成机制

所谓形成合成机制，即将表层结构信息和语音编码信息转化为语音计划并输出到发声机制。换而言之，就是语言信息内容通过选择正确的词库及运用语法和音位规则转换成话语计划的过程。话语计划也被称为语言计划。其中，词库由词目和词音组成。只要进行词目选择，对相关句法信息的提取就会紧随其后。另外，词语的音编码与语法编码形成话语的表层结构的构造会同时进行。

4. 发声机制

该机制与形成合成机制相配合，简而言之，便是形成合成机制将结果输送给发声机制。形成合成机制在输出的过程中，通过发声机制将语音计划转化成实际话语，并在此进行加工和临时储存。通过这一系列的操作，话语理解系统便可及时得到信息计划的反馈，从而使得话语能以正常速度产出。

此外，发声机制中的语言机动计划并非具体语言所特有的。详细来讲，第二语言的产生，其影响因素不仅局限于我们传统认知中的语言、语音等知识，与说话者本身在交际中处理、加工知识的能力，也是息息相关的。

5. 话语理解系统

要明白话语理解系统，首先要提及与之相连的听觉系统。在语言计划与产出的话语被话语理解系统接收之前，需要由听觉系统进行导入，从而寻找可能发生的错误。

在勒伟看来，微观计划部分为具体语言所特有，而双语使用者的概念形成机制中的宏观计划部分可能与任何语言无关。这一理论将理想的母语使用者当作假想对象，构成了其语言产出模式的重要理论。

此外，值得注意的是，不论是单语者还是双语者，其共性在于，所有语言的词汇都储存在一个词库中。但与单语者单一的形成合成机制不同，双语者通常存在两个形成合成机制。

(二)第二语言口语能力发展模式

勒伟的模式不是学习模式，而是语言产出模式。当前，包括自动化机制和思维适应机制在内的第二语言发展机制和过程，是研究人员主要解释的对象，而这一解释过程，还要得益于对认知心理学理论模式的运用。

因此，在研究人员看来，将陈述性知识转化为程序性知识是每一个熟练行为的必经之路。首先，在信息和知识的加工过程中，需要有控制地进行。包括长期储存在记忆中的信息在内，在学习的前期，都要进行慢慢地转化。待反复练习之后，程序化的过程愈发熟练，这一加工过程便逐渐向自动化发展。

第一、第二语言的学习，是对程序性知识进行的协调和重构，而这些程序性知识，则是由陈述性语言知识编译而成的。详细地说，学习者可以创造出新的组织结构，一方面用来解释新的信息，另一方面也可以将已储存的信息进行重新组织。这是因为，在学习不断深入的同时，学习者的程序性知识也在不断变化，当这一变化达到一定程度时，便会得到重构。换而言之，练习与技能内部表征的重构，便是口语技能发展中最为重要的两个因素。

口语水平的发展可以分为三个阶段。

1. 陈述性知识阶段

作为初始的阶段，其并未对学习者提出很高的要求。学习者往往只需要接触目的语言，掌握语言成分，了解语法规则，再对其他的相关规则进行一定的认识即可。

2. 程序性知识阶段

顾名思义，此阶段强调"程序性"，需要学习者对运用陈述性知识的内在表征进行建立。而程序性知识建立的前提，自然离不开对目的语言的反复练习和大量接触。

3. 对程序性知识进行重构的阶段

这一阶段，也是在学习中"辩证地否定"的阶段。经过对目的语言的深入学习和程序性知识的建立，学习者在接触新的信息和知识时，势必会产生新的知识结构，这就要求学习者在原有的基础上对知识框架进行调整，从而进一步提高语言的利用效率。

大量的练习是一阶段向二阶段发展的基础，而二阶段向三阶段的发展，除了反复练习，新知识的获取也不可或缺。因此，相比于一、二阶段之间水到渠成的发展，二、三阶段间反而显得有一道明显的界限。此外，对于知识的练习，不可与学习割裂开来、将其排出先后，二者需要同步进行。否则，非但无法促进知识的重构，更难以进行程序性的发展。

（三）英语口语培养的教学模式

根据英语口语学习规律，结合我国口语教学实际，现提出以下几个阶段的英语口语教学模式：

1. 初级阶段

该阶段的核心目标，是对陈述性知识的领会和掌握。因此，在这一阶段所采取的教学目标，都要为掌握基本的知识技能而服务。

从教学方向上来讲，首先要让学生对所学语言有最基本的接触和了解，能够模仿语音语调。之后，可以对相关国家的文化知识进行科普讲解，从而让学生更好地体会语境，并加强对语法规则、句型短语的理解。

从授课方式上来讲，教师可以通过朗诵、游戏、字谜等多种活动形式，调动课堂的氛围，从而消除学生的紧张和恐惧情绪，最终达到每位学生都开口的目标。

2. 中级阶段

这一阶段所强调的并非自己的创造性的东西，而是侧重于对已经掌握的知识的不断再现，即"复用"。其实质，就是程序性知识的获取阶段。

在这一阶段的教学中，"语境"一词显得尤为重要。学生需要体验不同的情境，从而对所学知识进行更为灵活的运用。一方面，教师可以根据故事设计对话，或是根据对话设计故事，从而培养学生的口语能力。另一方面，教师也可以将课堂模拟为其他场景，例如商场、图书馆等，让学生在此进行情景练习，使之有身临其境之感。

3. 高级阶段

该阶段对于单纯的背诵不再侧重，而是对学生的创造性提出了更高的要求。所谓外语交际，通俗来讲，就是将所学的知识以一种自由且具有创造性的方式表达出来，以此传达自己的意思。

因此，"让学生发表自己的观点"成为这一阶段的重点所在，学生成为主体，而教师的控制相应减少，基本只起到咨询、引导的作用。

在此阶段，可以通过文章、报刊等文书，选取相应的话题，引导学生自由地发表观点见解；也可以充分发挥小组讨论的优势，让学生在群体的作用下开拓思维、树立自信、锤炼技能。

（四）利用互联网平台的英语口语教学模式

当下，互联网技术在全世界得到了广泛的应用，其发展速度迅猛。在这种情况下，将英语口语教学与互联网相结合会有更广阔的发展前景。具体而言，其主要可以分为以下三个阶段：

1. 课前预备

在传统的英语教学中，教师一直居于主体地位。以备课为例，一堂翔实的英语课，需要教师在课程之前进行分析教材、梳理知识点等诸多工作。即便如此，能否将教学内容准备得尽善尽美，仍是一个问号。而当英语教学与互联网结合之后，学生便获得了更为广袤的自主选择空间，面对浩如烟海的信息，可以自由选择适合自己的材料。

互联网在拓宽我们查找资料的渠道的同时，还拓宽了我们的视野。以单词的学习为例，教师对于单词的组成、拼写，甚至于文化背景，往往都会有精心的准备，但具体到每一位学生身上，由于其理解能力与英语水平的差异，能否充分体会其语境有待商榷，加之学生对词语的兴趣也各有不同，这就导致无论如何准备都很难完全充分。但通过对学生自主学习习惯的培养，学生可以依托互联网平台，自行在丰富且生动的英语资源中寻找自己所需要的知识，从而进行自主学习。

此外，在课前预习任务的布置上，互联网也有着明显的优势。一方面，教师通过互联网布置作业更为便捷。另一方面，任务的形式会因此呈现得更为丰富，内容也可以更具趣味性。例如，教师可以直接将音、视频资料以链接的形式发给学生，让学生通过互联网，进行多媒体学习。

互联网还可以在一定程度上突破空间的限制，加强学生与学生之间、学生与老师之间的交流。依托于互联网，学生之间的小组讨论更为便捷，学生也可以通过留言、聊天等方式请教老师。甚至，老师可以通过网络加入学生的小组讨论中，予以其更为直接的指导。

2. 课堂教学

与书面语的教育不同，口语能力的培养对课堂展示环节有着更强的依赖。因此，在口语教学中，课堂的重点往往是学生的口语对话与教师的引导评价。

得益于课前充分的准备，课堂教学中，学生可以更快地分组进行角色扮演和口语展示，或是运用多媒体的图文，为自己的演说增光添彩。除了课堂上的直接互动之外，学生也可以利用互联网，发送文字、表情等，为其他同学提出评价和建议，从而推动台上台下同学口语水平的共同提高。最后，老师再对学生们的演示进行评价，并给予指导。

3. 课后互动

互联网在英语口语教学课后发挥的作用更加明显。从老师的角度而言，借助互联网端，可以在课下更便捷地进行课堂总结，加强与学生之间的互动，从而推动学生的口语学习。从学生的角度而言，不仅与同学之间交流更加自如，而且可以通过"聊天室"等形式将自己的观点以文字、表情等多种形态表达出来。学校也可以在此基础上，采取一对一、一对多、多对多等多种形式，为学生营造一个畅所欲言的平台。

互联网对英语口语教学的介入，不仅为其带来了诸多发展的机遇，也对教师提出了更高的要求。面对互联网与教育相互交融的情形，老师的教学模式也需要得到改变，由传统的"教师主体"思想，向"学生主体"思想转变；由"师生交流"的课堂模式，向"生生交流"的课堂模式转变；由"教师统筹"的角色定位，向"教师引导"转变。

语言的学习不是一蹴而就的，教学方式的转变是循序渐进的。教师在一步步地进行着转变，与此同时，学生也将由起初对口语的陌生，到渐渐熟悉，最后熟练掌握。在互联网教学模式下，口语教学质量一定会有更高的提升。

三、英语口语教学现状分析

（一）教学与学习方法单一

"教学"与"学习"是师生双方的任务，前者为教师的指导，后者为学生的练习。目前，双方的方法都存在单一的问题。顾名思义，英语口语教学需要对学生的口语交际能力进行培养，因此，"能力的培养"有着比"知识的传授"更重的分量。

从教师"教学"的层面说，"讲解—练习—运用"这种传统的教学方法仍在广泛使用，究其原因，在于口语课程与其他课程的不同之处并未引起大部分教师的重视。因此，学生主动开口的欲望便难以得到提升。

从学生"学习"的层面说，"上课记笔记，下课做练习"的学习模式根深蒂固，学生在长期的学习中已经不自觉地将自己放在了"被动接受"的地位。此外，没有语境的客观条件也使得学生少有机会进行口语练习。长此以往，学生们往往羞于开口，甚至害怕开口，主动参与课堂活动的意识薄弱，其口语能力自然难以提高。

（二）教师指导方法欠佳

教师在英语口语教学中欠佳的指导方法，大致体现在以下方面：

第一，在纠错方面，很多老师会很多老师会逐字逐句地帮助学生纠正错误，很容易让学生滋生依赖心理，主动学习的热情也会大打折扣。

第二，很多教师没有给学生提供一些必要的词汇、重要句型等，这就导致口语话题没有足够的语言支持。

第三，在口语话题的练习中，一个重要基础便是对话语背景的了解乃至沉浸，而事实是，在课堂上很多教师缺乏对语境、情感、文化价值观等方面的阐述，学生对于话题的理解也会因此不到位，所展现出来的互动自然也会流于表面。

第四，无法从学生的角度出发也是一个问题。很多老师在口语教学中，会下意识地从自身的角度出发来制定策略，以这种角度对学生进行指导，就难免造成"所讲"与"所需"的不对称。

（三）学生口语能力差、心理压力大

由于师生在口语方面倾入的时间、精力有限，所以，学生在口语方面，往往存在以下不足：

第一，负面的情绪会对口语能力的提升起到反作用。有相当一部分学生，其有着不错的口语基础或天赋，但由于缺乏相应的引导，在开口前，总是对错误、批评、嘲笑充满顾虑。由于缺乏表达的自信，所以口语的提升会陷入停滞。

第二，大部分学生虽然在课堂上学到了许多词汇和语法，但由于不懂得如何将话题展开，会遇到"茶壶里煮饺子"的问题，也就是虽然肚子里有东西，却不知如何表达。

第三，受语言环境的影响，学生在英语的口语表达时，就会产生诸多问题。例如，单词的发音不准，影响语义表达；语音、语调不规范；在英语中掺杂汉语的地方口音等等。

（四）教学环境有待改善

英语口语教学环境的不足，源自传统英语教学观念的深刻影响。具体体现在以下方面：

1. 课时严重不足

当下，我国的英语口语教学是英语综合学习的一部分，而不是一项独立的教学内容。这就决定了，在口语教学的时间分配上，不会以专门的课程来进行安排。

但是，与英语的阅读、听力、写作不同，英语口语的提高需要更长的时间进行练习。显然，这一点很难在当下贯彻。以《新编实用英语综合教程》为例，该教材包含"听、说、读、写、译"五方面的内容，在高校间广为使用。但即使将五方面教学的时间等分，可再落到每一位同学头上，其接收训练的时间也十分有限。再加上学生之间本就参差不齐的英语水平，"课时不足"这一硬伤，就显得尤为突出。

2. 缺乏配套教材

口语教材的缺乏，不仅体现在教书育人的高校，在利益导向的市场也有所体现。二者共同作用，导致了学生口语学习的不理想。

在高校的英语教材中，非英语专业的学生较少接触到口语训练。学生们在公共的英语课上，大多只能在听力训练之后的拓展部分接触到口语。具体到教学当中，这一部分口语练习甚至会被直接忽略。

市场上的口语教材，呈现两极发展的态势。或是过于简单，可能仅为面对初学者的简单日常用语；或是过于专业，为某些专业领域提供服务。因此，市面上的口语资料，很难与大学英语教材实现对接。

3. 教师素质有待提高

部分英语教师，大多在学习时就缺乏口语教育，因此，其口语能力难以达到很高的教学要求。而口语教学恰恰对教师的素质要求极高，这便使教学中产生了许多问题。例如，部分教师自身的发音就不够准确，这一问题轻则无法给予学生正确的发音指导，重则还会将学生的发音带偏。

（五）教学评价不完善

当下，对口语教学成果的考核，大多依赖于教师自己对课堂的把握和主观评价。

例如，有些教师会将学生在课堂上的演讲报告作为口语成绩，也有些教师会对学生进行指定范围的口语测试。但不论哪种情况，只是"口语"的表现，而非"口语交际"，二者有着根本的不同。因为演讲报告可以在课前进行充分准备，课堂上只需要照此进行背诵或朗读，而指定范围的口语测试，也给了学生充分的准备时间，其考试过程，大多也会沦为背诵。如此，"口语"的目的达到了，"交际"的目标却难以实现。

这一问题并不能全都归结于教师，其主要原因还是在于院校缺乏具体的评价规章和实施方案。在这种教师们"摸着石头过河"的考察中，学生主动学习的热情自然难被激起。

四、改善英语口语教学现状的对策研究

（一）改革英语教学的教育观念和课程设置

如前文所说，在英语口语教学中，学生是主体。因此，首先要端正学生的心态，使之明白，口语教育的目标不是简单地通过考试，而是对技能的掌握。唯有端正了学习的观念，才能明确学习的目标，否则，在为了通过考试而进行的"应付了事"中，学习兴趣根本无从谈起。

此外，学生主体地位对课程的设置也提出了改革要求。对于口语课程，需要在一定程度上减少基础知识的说教，转而在技能训练、文化知识、实际运用等方面增加比重。

学生的主体地位，也要求教师对传统的教学模式进行更改，由"一言堂"的灌输模式，向着引导、提示、纠错、总结转变，使学生有充足的时间发挥主观能动性。

（二）完善口语考试制度

从宏观上来讲，英语口语考试制度需要相应的教学大纲，这就需要大、中、小学英语教学在有关部门的协调下进行系统的研究部署，从而避免"费时低效"的重复劳动。

从微观上来讲，学校自身若想改善学生"重笔头、轻口头"的现象，也应当完善口语考试制度，制定相应考评标准，例如将口语纳入英语期末考试的范围等。

（三）创造真实语言交际环境

口语的练习离不开情景的融入，一方面，教师在课堂中可以通过活动对交际语境进行模拟；另一方面，网络多媒体也为交际环境的塑造提供了便利条件。

在传统的课堂中，情景塑造主要依托于学生的想象。而应用网络多媒体，不仅可以传达文字，还可以将图像、声音、影像进行展示，使得交际环境更为真实，学生得以更好地融入其中。

（四）强化教材选择

在教材的选择上，可以跳出"找一本全面的好教材"的思维定式，将两本甚至三本侧重点不同的书结合起来进行讲授。例如，可以有一本实用性较强的教科书，也可以再选择一本情景素材较多的辅导书，二者同时使用，相辅相成。教科书可以为学生打牢基础，提供系统性的训练，让学生学会"怎样说"。辅导书可

以为学生补充历史文化、风俗习惯等知识，具有很强的趣味性，既可以引导学生"说什么"，也可以帮助学生"更爱说"。

（五）注重师资培养

师资的培养，可以通过三方面入手。

其一，教师自身的学习。

教师自身的学习是提升教师品质的核心。首先，教师要加强专业能力。英语口语教师相较于其他教师，有着更高的专业要求，需要在听、说、读、写等各个方面有着扎实的基本功。过硬的专业知识是教学的基础。中西方文化也是口语教师专业能力的一部分，教师需要将文化的内涵渗透进英语教学中。其次，教师要加强教育能力。这要求教师要了解学生心理，熟悉各种教育的理论方法，并随着社会的变化不断更新自身的教育理念。最后，教师还要加强技术能力。当今社会的教师不能故步自封，需要不断掌握新兴的教育技术，熟练使用多媒体等手段对教学进行辅助。

其二，各级部门的支持。

在教学系统中，各级行政主管部门起着统筹管理的作用，在一些大型组织学习或政策导向中发挥着强大的力量。例如，可以对教师进行在职培训，或者组织教师出国进修，或是出台相关政策对教师的科研提供支持等。

其三，外籍教师的引入。

学生与外籍教师交流的过程，就是文化交流碰撞的过程。学生们在与外籍教师的直接交流中，既可以感受西方不同的教学风格，还可以更深刻地感受异域文化，加强对外语的理解。有时，外籍教师的鼓励会为学生带来极大的学习信心与兴趣。

（六）帮助学生克服讲英语的心理障碍

口语能力的提高离不开大量的开口练习，而很多学生对于开口说一门并不熟悉的语言顾虑重重。究其心理，通常为羞涩与恐惧，因此不敢开口。对此，要采取以下措施：

第一，拉近师生关系。师生之间由于身份的不对等，天然就存在着一定的距离。为此，教师更应当对学生多一些关心与理解，以耐心和爱心帮助学生，帮助其扫除心理障碍，解决学生性格内向、知识薄弱、信心不足等问题。

第二，活跃课堂氛围。宽松的课堂气氛可以有效缓解学生的心理负担，因此，教师需要采取氛围轻松、形式多样的教学方法。

第三，课程循序渐进。由简入难、循序渐进的课程可以有效地为学生带来成就感，从而增强信心，降低焦虑。

第四，注意纠错方式。学生在学习过程中总会犯各种错误，不当的纠错会加剧其心理障碍，不利于自信心的培养。教师应当给予学生更多的鼓励，以更为艺术、更具策略的方式对学生进行引导。

（七）培养学生多方面能力

第一，英语水平。不论在何种交际情景下，语言基础都是交流的根基，英语基本功的扎实与否会深刻影响英语口语的准确度和流畅性。

第二，英语文化。口语的培养以交际为目的，而交际行为从来都不是孤立的，而是深受主体、客体、环境、文化等因素影响的。因此，对英语国家的历史、文化、风俗等进行相应的了解，有助于跨文化交流能力的提升。

第三，英语思维。良好的英语思维，就是能够直接地对英语进行接收和表达，这就要求学生在日常的练习中，直接将听到的英语储存起来，而不是经过汉语的翻译。教师应当加强在这方面对学生的引导，让学生多听、多读、多练，逐步加强英语思维的能力。

英语口语的学习，并不局限于课堂，在课余时间，教师也要引导学生多加练习，从而切实提高学生的口语水平。

第二章　英语口语教学的理论基础

人与人之间的沟通与交流是依靠语言来实现的，学生是否具备较强的英语口语能力，在很大程度上影响着他们跨文化交际的开展。因此，对于英语教学而言，口语教学非常重要。本章从建构主义、交际法教学、二语习得、合作学习四个理论层面出发，对英语口语教学的基础理论进行简单的阐述。

第一节　建构主义理论

一、建构主义的基本理念

对于建构主义理论，首先要明白的是，这并非一个完全确定的、同一的理论，而是一在宏观上的理念。

这一理念本是心理学派的一个分支，是一种社会科学理论。由于学术背景、思想来源、理论倾向等不同，建构主义的学者们在具体观点上也莫衷一是。

但是，对于建构主义的基本理念，学者们有着统一的意见，即：学习不是知识由教师到学生的简单转移或传递，而是主动地建构自己知识经验的过程。

二、建构主义的重要概念

1. 图式

图式即个体对世界的知觉理解和思考的方式，亦可视作心理活动的框架或组织结构，是认知结构的起点与核心，是人类认识事物的基础。

2. 同化

同化即学习个体将刺激纳入头脑中原有图式之内，使其成为自身一部分的过程。

3. 顺应

顺应即学习者调整自己原有图式以适应特定刺激情境的过程。

4. 平衡

平衡即学习者通过自我调节机制使认知发展从一个平衡状态向另一个平衡状态过渡的过程。

其中，图式的形成和变化是认知发展的实质，同化、顺应和平衡是影响认知发展的三个过程。

三、建构主义的演进

建构主义起源于18世纪初意大利学者维柯（Giovanni Battista Vico）、哲学家康德（Kant），但直到20世纪80年代，才产生了一定的影响力。皮亚杰（J.Piaget）、维果斯基（Lev Vygotsky）、布鲁纳（Jerome S. Bruner）、奥苏伯尔（David Ausubel）等人，成为这一学派先驱式的代表人物。

在皮亚杰看来，学习者自身知识结构的发展，来自个体与周围环境的相互作用，并在此过程中逐步建构起关于外部世界的知识。在这个相互作用中，包括两种行为，一种是认知结构数量的扩充，被称为"同化"；另一种是认知结构性质的改变，被称为"顺应"。个体通过这两种行为来构建知识并与周围环境保持平衡。但这一"平衡"并非静止不变的，而是一种动态的平衡，个体的认知在"平衡—不平衡—再平衡"中得到丰富和发展。以儿童的学习为例，当其能够用已经掌握的图式去同化新信息时，其认知状态就是平衡的；若其无法同化，平衡则被打破；而修改或创造新图式的过程，就是顺应、或者说再平衡的过程。

苏联心理学家维果斯基被认为是建构主义学习思想的鼻祖。在其一系列的观点中，以下两方面尤为重要：

其一是心理机能的分类。维果斯基将心理机能分为低级心理机能和高级心理机能两类。前者源于自然界，是人和动物所共有的感知、情绪、机械记忆、冲动意识等技能，并会随着生物结构的发展而发展。后者源于社会，受到社会文化和历史的制约，是人类特有的机能。社交活动是人心理发展的源泉，也是人类学习的必经之路。

其二是"最近发展区"理论。维果斯基讲道，个体发展既有现实的发展水平，也有潜在的发展水平，前者往往依靠个人便能达到，而后者则需要成人或比他成熟的个体的帮助。而介于二者之间的，则为"最近发展区"。

这一理论指出，学习并非对已经形成的心理机能进行强化，而是对尚未成熟的心理机能进行激发。以儿童的成长为例，我们的着眼点并不应当是其过去的成长，而是正在向明天迈进的发展。

美国的认知心理学和课程教学改革家布鲁纳在皮亚杰和维果斯基的思想基础上，创立了发现式学习理论体系，推动了课程教学的改革。

根据发现式理论，儿童的学习探索和科学家的科研探究本质上是一致的。因为发现式学习就是让学习者像科学家那样用自己的头脑去探索知识，从而达到对所学知识的理解和掌握。不论儿童还是科学家，二者的本质都是将现象重新组织，使人能够超越现象进行组合，从而获得新的领悟。简单来讲，二者都是在进行一种有意义的知识建构。

因此，布鲁纳对教师和学生提出了一系列的要求。对教师而言，应当引导学生将新的知识内容与旧的知识结构相联系，通过已有的知识去建构新的知识；要充分调动学生的好奇心、好胜心、自信心等内在因素，不要依赖奖惩等外在因素，而要通过内在的激励来调动学生的积极性。对于学生而言，要"活读书"，通过思考将知识蔓延，通过有限的内容，收获更多的信息。同时，从师生关系的角度来说，学生也不再局限于做老师的"听众"，而是需要和老师相互合作、积极配合，以此主动对知识进行建构。

认知心理学家奥苏伯尔的认知同化学习理论也带有明显的建构主义色彩。在奥苏伯尔的理论中，学生的新知识和旧结构之间能否建立联系、愿不愿意建立联系，是学生能否积极学习的重要条件。

奥苏伯尔还指出，有些引导材料与新学习的内容相关，且概括性高、稳定性强，这些引导材料被称之为"先行组织者"。其主要作用是为新知识提供框架，并将之固定，避免学生的学习陷入机械化。这一策略的提出，直接推动了抛锚式教学、支架式教学等当代建构主义教学模式的发展。

四、建构主义的教学思想

建构主义的教学思想包括知识观、学习观和教学观。

（一）建构主义的知识观

1. 知识在不断发展演化

客观现实是在不断发展的，人的认知程度也是在不断进步的。当前的知识并不能说是纯粹客观的，也不是问题的最终答案。随着人们认知程度的发展，知识也会进行变革和发展。

2. 知识不存在绝对的终极真理

世间并没有"放之四海而皆准"的绝对真理，知识都是要依托于人的经验来建构的。在面对不同的实际问题时，需要根据情景对原有知识不断地进行加工整理。建构主义者强调个体的作用，并指出，当客观环境不同时，即使广为人知的、毋庸置疑的知识，也会出现谬误，值得人们怀疑。

3. 知识寓于主体之内

知识可以通过语言文字等外在的形式表现出来，但在建构主义者看来，只有学习者将其内化，才能真正称其为知识。正如"一千个读者有一千个哈姆雷特"，面对同样的知识表现形式，不同人也会由于学习环境、自身经验等原因，而产生不同的理解。这些不同的理解，就成为不同的知识。

4. 掌握知识的目的是生存

正如我国"经世致用"的思想一般，建构主义者也认为，学习知识不是单纯地为了探究真理，而是要注重其实用性，究其根本，是主体在世界上的生存。

（二）建构主义的学习观

1. 学习的实质

（1）学习是认知结构改变的过程

学习者的认知结构的变化通常离不开两种途径。其一是运用已有的认知结构接纳外部信息，这一过程被称为"同化"。通过同化，可以使原有的思维倾向和行为模式得到丰富加强。其二是对已有知识结构的调整，这一过程被称为"顺应"。顺应的前提是新信息与旧知识结构的冲突。通过顺应，会建立新的认知结构。

纵观整个改变过程，不难发现，同化是量变的环节，是平衡的表现；而顺应是质变的环节，是不平衡的表现。人的认知水平就是在不断的"同化—顺应—同化"，或是说在不断的"平衡—不平衡—平衡"中，交替前进，向前发展。

（2）学习是主体建构的自组织循环系统

自组织，即决定思维和学习的因素根植于学习者内部，得益于已有的知识结构，而非外部因素。循环系统，即"兴趣—知识—记忆—情感—感知—反省—行动—平衡—摄动—重建—迁移—兴趣"，如此一个学习的闭环。因此，建构主义者也认为，学习的过程是封闭循环的，没有起点，亦没有终点。

（3）学习是个体主动建构自己知识的过程

建构主义者对"个体主动"的强调是指，教师传授知识的过程并非严格意义上的学习，真正学习的过程需要学生主动建构知识。在这一过程中，新知识与旧经验相互作用，学生也会在二者的碰撞中，对现实世界产生新的理解。

2. 学习的影响因素

（1）经验

建构主义重视旧知识结构的作用，而经验作为知识结构的一部分，自然也会得到重视。在其看来，当问题呈现在学习者面前时，没有人能够真正抛下以往的经验，人们总是要根据以往的经验来解决问题。

因此，建构主义者提出，在教学的过程中，需要将学习者原有的知识经验作为基础，以此为生长点进行浇灌滋养，从而在旧的知识经验中生长出新的知识经验。至于简单地对将知识进行"填灌"，在建构主义者看来，是生硬而低效的。

（2）协作与对话

在学习的过程中，协作与对话直接影响着学习者对学习内容的理解。因此，教师应当引导学生主动对问题进行探索，通过学生与学生之间的协作和学生与教师之间的交流，提高知识建构的效率。

（3）环境

在建构主义中，"环境"一词涵盖了诸多学习资源，这些学习资源都为知识建构提供了大力支持。

①信息库，即知识信息的来源和信息仓库。例如，教科书、教师、百科全书等。

②符号簿，即建构和处理符号与语言的媒介。例如，笔记本、索引卡、文字处理器等。

③任务情境，即学习任务呈现给学习者的问题解决情境，其中蕴含着学生要学习的知识和智力操作。

④建构工具包，即用于帮助学生寻找特定信息、完成认知操作、实现某种设想的手段和工具。例如，实验设备、计算机等。

⑤任务管理者，即在环境中确定任务、提供指导、反馈和方向改变的成分。例如教师。

在"贫乏的"学习环境中，信息库、符号簿、任务管理者会得到重视，缺少真实或模拟的情境以及观察和处理信息内容的工具，在探究和解决问题方面存在困难。在"丰富的"学习环境中，任务情境和建构工具包会得到重视，任务管理者也会从教师转变为学生，教师则承担引导作用，推动着学生自主学习。

（4）情感

情感影响主体认识的指向性和选择性。学习过程中不仅有客观知识的融合，还有主观情感的体验。这一体验影响着学习主体对待事物的态度,不仅影响着认知学习的效率,也会影响对认知对象的侧重,进而影响学习方向。

情感可以成为认识活动的激发和抑制因素。在学习过程中,积极的情感能够为学习者提供热情与动力,也能够开拓学习者的思维,激发其创造性。而消极的情感不仅会直接降低学习效率,更有可能迷乱学习者的思想,使其误入歧途。

情感的波动还会制约认识的状态。以激情与平和为例,一方面,激情的心态能够促进灵感的产生,平和的心态却往往难以突破旧思维的桎梏;另一方面,激情也容易导致疏忽大意、判断错误,而平和却能够帮助我们理性、全面地分析问题。

（5）错误

在传统的教育理念中,错误是需要尽量避免的。但建构主义却认为,错误本是教学的一部分,无法避免,通过错误进行反思学习,反而能够推进对知识的理解。

（6）评价

评价是根据一定标准对一个人的成绩进行的一种鉴定或价值判断。在传统的教学过程中,评价是教学的附加部分,和学习过程是分离的。但根据建构主义的理论,评价应该寓于学习过程之中,成为学习的一部分。

此外,建构主义还提出,在学习过程中,学习者就是最合适的评价者。学习者首先要掌握自我分析评价的技能,并通过及时的"三省吾身",逐渐增强自控能力。

(三)建构主义的教学观

1.教学目标

（1）"意义建构"

在建构主义理论中,"意义建构"不仅是基本目标,更是教学的最终目标。建构的意义是指事物的性质、规律以及事物之间的内在联系。而这一目标的实现,则有赖于理解的认知过程。因此,尽可能激励和支持这种建构的过程就成了教学的基本目标。

（2）社会化和文化适应

社会化和文化适应是每个社会个体发展成熟的必然归宿,因此必须将其作为教学的目标。

（3）专业化知识

在理论上，建构主义不承认绝对客观的永恒真理，但在教学中，建构主义也承认专业知识的重要性。专业的知识能够给予学习者更高效的引导。值得一提的是，建构主义所说的专业知识，是指由科学家们描述的、意识一致所形成的结论，需要承认其发展性，不可理解为绝对的、没有矛盾的真理。

2. 教学活动

（1）良好的教学活动有赖于丰富的教学环境。这一教学环境不仅要内容丰富、形式多样，更重要的是必须有利于学习者对所学内容的意义建构。对教学环境进行设计的环节，也是教学活动中最关键的环节。

（2）在良好的教学活动中，学习者应始终处于"最近发展区"。当学习者处于"最近发展区"时，其学习效率能够得到最大限度的开发。因此，教育者需要不断地对学生进行"诊断"，并及时对学生进行引导。

（3）良好的教学活动应促进学习者的自主性和首创性。因此，教学活动应当以学习者的观念、经验、知识为基础来进行。同时，教育者也应当加强和学习者之间的沟通，以平和的方式发现问题、了解矛盾、寻找方法。

3. 教学过程

明白建构主义的教学过程，首先要理解传统的教学过程。

传统的教学过程是建立在客观主义认识论上的。在客观主义认识论中，知识是对客观世界的真实反映，即使在不同的实践背景下，面对不同的实践主体，也能被同样地理解和掌握。换而言之，在其看来，知识是可以脱离具体情境而以抽象形式独立存在的。因此，传统教学的核心行为，便是传递客观知识。具体表现出来，就是教师首先掌握知识，然后通过课堂，将知识"复制"给学生。可以说，传统的教学是知识的简单传递。

在建构主义理论中，良好的教学过程是学生主动对知识进行建构理解的合成。这就要求教师从学生已有的知识、兴趣、态度等方面出发，精心设计教学情景，从而使学生能够与知识发生化学反应，将知识真正内化。

五、建构主义教学模式与英语口语教学

（一）建构主义教学模式

1. 支架式教学

支架式教学的实质是为学习者建构一种概念框架，从而帮助学习者建构对知

识的理解。这一模式的提出得益于维果斯基的"最近发展区"理论。具体而言，便是分解复杂的学习任务，"化整为零"，从而帮助学习者逐步深入地对知识进行理解。支架式教学包括以下五个步骤：

（1）搭建框架——教师首先帮助学生确立目标，然后围绕当前学习内容，按照学生的"最近发展区"搭建概念框架。

（2）进入情境——将学生引入一定的问题情境。

（3）独立探索——让学生独立探索。教师通过适当的引导，启发学生主动分析问题。在教师的辅助下，学生自主进行探索，逐渐搭建起自己的知识框架。同时，教师的引导的频率必然会随着学生水平的提高而逐渐减少，直至完全放手。

（4）协作学习——进行小组协商、讨论、对话等活动。

（5）效果评价——进行自我评价、师生共同评价和学生相互评价。评价内容包括自主学习能力、小组贡献、知识建构进度等。

2. 情境教学

当情境教学中的问题或是任务确定了下来，整个教学的内容和进度也就会随之确定。这一情况好似船锚固定轮船一般，因此情境教学又被称为"抛锚式教学"。

情境教学包含以下三方面要求：

（1）学习的最终结果要反馈至现实生活，因此，学习要以现实生活中的实际问题为目标。情境的塑造要真实，学习的内容要真实，处理的方法也要真实，不能对情境中的问题简单带过。

（2）对于情境中的问题，要由老师提出，学生进行讨论解答。若是老师直接讲述准备好的内容，则难以达到效果。

（3）在情境教学中，不仅要看解决问题的结果，更要注重解决问题的过程。不用独立的测验，这一过程本身就是学习成果的反映。

情境教学包含以下五个环节：

（1）创设情境——学习情境的创建要与现实情况基本一致或类似。

（2）确定问题——选择出与当前学习主题密切相关的真实性事件或问题作为学习的中心内容。

（3）自主学习——由教师向学生提供解决该问题的有关线索，并由学生解决面临的问题，从而发展学生的"自主学习"能力。

（4）协作学习——学生间进行讨论交流以加深对当前问题的理解。

（5）效果评价——教师在学习过程中随时观察并记录学生的表现。

3.随机进入教学

要了解随机进入教学模式,首先要理解其理论来源——弹性认知理论。

在弹性认知理论中,学习可分为"初级学习"和"高级学习"两种类型。前者是对普遍原理、概念等知识的学习。学习者可以通过初级学习的过程掌握结构性知识。后者的学习内容则十分灵活,不再具有结构性,需要学习者根据不同的情境、不同的问题进行分析,并在一个个问题的处理中进行对知识的挖掘与建构。

为了满足高级学习的需求,一种新的教学模式应运而生。在这一教学模式中,即使同一教学内容,也会依据时间、环境、目的等因素的不同而做出形式上的改变,以多角度、多方式的态势呈现在学习者面前。这一模式就是随机进入教学模式。由此,学生可以对同一问题产生多方面的认知,其理解能力和知识迁移能力也会得到极大提高。

具体而言,该模式分为五个环节:

(1)呈现基本情境——呈现与当前学习内容相关联的情境。

(2)随机进入学习——呈现与当前所选内容不同侧面的特性相关联的情境,引导学习者自主学习。

(3)思维发展训练——由于随机进入学习的内容复杂、涉及面广,因此,教师应特别注意发展学生的思维能力。

(4)小组协作学习——小组成员围绕通过不同情境所获得的认识、所建构的意义展开小组讨论。

(5)学习效果评价——同支架式教学效果评价,包括自主学习能力、小组贡献、知识建构进度等。

(二)对英语口语教学的启示

传统的英语口语教学,先要求学生掌握语言形式,进而要求学生用语言表达思想,其本质是"复用"型教学模式。具体而言,就是以口语教材为主,通过听录音、看视频、跟读、背诵、模仿等形式进行学习。在这样的教学模式中,学生只是简单地由记忆过渡到复用。由于缺少自发的、能动的、理性的思维来作支撑,学生即使能够将教材流利地背出,也难以用口语流利地讲出。

建构主义的教学模式与传统的教学模式相比,差异是多方面的。不论是教师、学生,还是教材、活动,诸多要素都发生了改变。

从教师的角度来看,除了传统课堂中的播放音频、讲解知识、传授技巧,组织活动、引导思维、知识建构等教学方式要灵活运用。建构主义教学模式将教师从简单机械的教学模式中解放了出来,从而为课程、活动、情境的设计提供了大量的时间。

从学生的角度来看,不仅要被动接受基础知识,更要主动积极地协作会话、打开思路、知识建构,逐步成为课堂的中心。这既是对学生学习效率的拔高,也是对学生学习动力的培养,使其逐步养成自主学习的良好习惯。

此外,教材的作用不再局限于教师讲授,而加入学生的主动分析拓展;多媒体也不仅作为教师传播知识的工具而存在,在学生的情境模拟、小组协作、交际练习中也会发挥重要的作用。

第二节 交际法教学理论

交际法,亦作功能法、意念法。它融合了哲学、社会学、心理学、语言学、人类学等诸理论,自 20 世纪 70 年代产生以来,在全世界产生了巨大影响。

交际学派将实际交际能力作为语言教学的目标。因此,交际学派的教学内容除了基础的语言结构,对于常用口语以及表达抽象意念、情感的语句也颇为重视。

在这样的理念指导下,交际法往往会采用真实的语言材料进行教学,对情境的重视程度也极高。此外,由于和实际交际的密切联系,交际法常常会根据实践对既有的知识进行增补或修正。正因如此,交际法的教学不但内容丰富,而且始终在顺应实际进行变化。

一、交际法教学的理论基础

根据人们经常引用、经常参照的论述来判断,诸多学说都直接或间接地影响了交际法的教学理论。

1. 社会学与社会语言学、哲学和语言学

德尔·海姆斯(Dell Hymes)作为美国的人类学教授、语言学家,在 20 世纪 70 年代首次将交际能力的学说拉进人们的视野。冈珀斯(Compers)作为与德尔·海姆斯同时代的社会语言学家,也强调语言使用中的社会文化因素。

2. 哲学

英国哲学家奥斯汀(Austin)和塞尔(Searle)提出了言语行为学说,对交际法英语教学理论产生了间接影响。

3. 语言学

英国语言学派的韩礼德关于语言的功能、语言的衔接与连贯和社会符号学方面的学说，辛克莱和库尔特哈德（Sinclair、Coulthard）的语篇分析学说，都影响了交际法英语教学理论的产生。

在以上三点中，交际能力学说对交际法教学理论的影响最为关键。交际能力学说的三次发展，也构成了交际法英语教学的三个发展阶段。首先，它于70年代被首次提出。到了20世纪80年代初，加拿大学者卡纳尔和斯温（Canale、Swain）又对其进行了相应的补充。在80年代末90年代初，美国学者巴克曼（Bachman）的研究推动了该学说的又一次发展。

（一）海姆斯的交际能力学说

乔姆斯基说，语言能力即为语言体系知识或语法规则知识。海姆斯则认为语言能力只是交际能力的一部分，并首先提出了交际能力这一概念。这一能力具体来说分为四个部分。

1. 形式是否可能

语言的形式或语法可能性知识，类似于乔姆斯基的语言能力概念。

2. 实际履行是否可行

关于特定的语言形式是否可行的心理语言学方面的知识。这要求从文化、环境、记忆力、认知能力等多方面考虑语言形式的可接受性。

3. 根据上下文是否恰当

语言在不同的上下文中是否恰当的知识。

4. 实际上是否完成

实际使用什么语言和如何使用语言的知识。

（二）卡纳尔和斯温的交际能力理论

卡纳尔和斯温的交际能力学说在海姆斯的基础上进一步发展，使其更为丰富、具体。在他们看来，四种能力共同构成了综合的交际能力。

1. 语法能力

对语言知识的掌握。这是将语义确切理解和准确表达的必要知识和基础技能，例如对词汇、语音、句法等规则的掌握。这与海姆斯交际能力的第一部分内容是相符的。

2. 社会语言能力

所谓语言环境，包含了诸如话题、交际目的、身份地位等一系列因素。正因如此，交际者应当对所接触的社会文化、社会规则有相当的认知。

3. 语篇能力

组句成篇的能力。具体而言，就是一个人在说话和理解时如何把语法形式和意义结合起来，使不同语篇类型的书面文章或口语语篇具备语言衔接性和话题连贯性的能力。

4. 策略能力

提高交际效果或在实际交际中弥补交际失败的技能。具体而言，策略能力要求交际者对于如何将话题开展、维持、调整、结束等问题都要做到得心应手。这既包含了语言技能，也包含了非语言技能。例如，有时刻意地降低音调，或是减缓语速，会起到引人入胜的效果；适当地使用肢体语言，可以起到"此时无声胜有声"的作用。

（三）巴克曼的语言交际能力学说

20世纪90年代，巴克曼发展了已有的交际能力理论成果，他的新学说不仅内容更为全面、系统，也更容易付诸实践。他指出了语言能力的三个组成部分，得到应用语言学界的普遍认可，并对当代语言测试改革产生了深刻的影响。

1. 语言能力

在巴克曼看来，语言能力可分为语言组织能力和语言使用能力。

语言组织能力，即在生成或辨认语法正确的句子，理解其主题内容并排列成篇章时，控制语言结构的能力。具体包括以下两方面：

（1）语法能力

语法能力并非一项单独的能力，而是由诸多独立的能力组合而成。例如辨析词汇、词法、句法、语音、文字体系等知识的能力。当交际者即将进行交流或书写时，选择怎样的单词形式、表达怎样的词义，便是受这些能力影响。

（2）语篇能力

根据词语联结和修辞结构的规则，把两个或两个以上的句子连缀成语篇的能力即语篇能力。具体而言，词语联结是明确标示词义关系的方法，例如指代、省略、连接、信息排序习惯等；修辞结构指语篇的整体概念结构，例如描写、比较、分类、分析等展开方法。值得注意的是，语篇能力不仅体现在成篇的文章中，也体现在生活的口语中。例如，在不同的社会文化中，蕴含着不同的交流习惯，如何提出话题、展开话题、吸引听众等,都是语篇能力在口语中的体现。

语言使用能力,即话语或句子、意图和语境是怎样联系起来并构成意义的。具体包括以下两方面:

(1) 功能能力

功能能力即与语言功能相联系的语用规约知识。根据交际目的的不同,巴克曼把韩礼德的语言功能归纳为达意、操纵、探索、想象四种功能。其中,达意功能最为普遍,用于传达主体、交换信息,或是交流感情等;操纵功能指用语言来影响周围的世界;探索功能是将知识通过语言向外扩展;至于笑话、幻想、诗歌等用以表达幽默和美学的功能,则被称之为想象功能。此外,这四种具体的功能,并非相互独立的,而是彼此交织的,当一句话被表达出来时,往往兼顾着多种功能。

(2) 社会语言能力

社会语言能力即人们对语言惯用准则的敏感性或控制能力。具体包括:对方言或变体差别的语感、对语域差异的语感、对自然地道语的语感以及理解和使用文化典故与比喻的能力。

2. 策略能力

在巴克曼看来,卡纳尔和斯温提出的策略能力既不全面,也未说明策略能力运作的机制。例如,在斯温的理论中,策略能力仅仅是在交际中断时拓展语言能力的一种手段,其作用更多地被限制在了"弥补"中。因此,巴克曼为策略能力重新赋予了四方面的内容。

(1) 评估策略

评估考虑需要什么、有什么可做和如何做好。它包括:

①评估场景的特征。评估与某一特定交际目标有关的语言使用场景特征,确定实现这一交际目标是否可行。若可行,在某一特定场景下达到这一目标需要哪些知识。

②评估自己是否具备完成目标所需的知识能力。

③评估自己通过特定话语实现交际目标的程度。

在此基础上,若预计的交际目标没有达成,通常由于以下原因:

①语法错误多,别人无法理解或误解。

②未能正确理解对方的意图。

③话语与语境不相符。

④知识图式使用不当或匮乏。

⑤因测试任务难而感到力不从心，或未积极地完成任务。

其中，前三点原因与语言能力有关，后两点则与知识图式和情感图式有关。

（2）确定目标策略

确定目标就是决定准备做什么。它包括：

①确认并选择一项或几项准备实现的交际目标。

②决定是否尝试实现所选择的交际目标。

（3）制订计划策略

制订计划涉及选择有关的语言知识制订一个达到交际目标的计划。它包括：

①选择有关的语言能力（语法、语篇、功能和社会语言）、知识图式和情感图式，用于完成特定的交际目标。

②制订说、写或理解话语时运用这些能力和知识的计划。

巴克曼还提到，若一个人只接触单一的语言环境，那么母语便是他所有知识的来源；但若一个人生活在双语的环境中，那么他既可以接受到来自母语的知识，也会接收到来自外语或中间语的知识。

（4）实施策略

实施策略即通过适当的心理、生理机制将上述计划付诸实施。

3. 心理生理机制

心理生理机制即在语言使用的实施阶段所涉及的生理或心理过程。具体而言，在接收性和产出性的语言使用中，我们分别会使用听和看的技能、发音器官或手指，这些都属于生理机制；在输入信息和输出信息的过程中，我们需要使用大脑，这便是心理机制，亦称为神经机制。

二、交际法与英语口语教学

不论是在教育理论还是教学方法上，交际法都有着独到的观点。下面我们将着重探讨交际法在英语口语教学中的应用。

（一）交际法英语口语教学的基本原则

交际法经历了漫长的发展，其关注的重点已经由起初的"大纲设计和教材编写"逐步转变为对教学方法的研究。在这一系列的教学方法中，有三条具有纲领性意义的原则。

1. 一切活动围绕交际

一切活动围绕交际是交际教学法的首要原则。其中，"一切活动"包括了教师在课堂上所组织的一切教学活动。具体而言，在交际法看来，师生在课堂上的活动有两种：直接的交际活动和为直接交际活动服务的间接交际活动。

直接的交际活动很好理解，如街边问路都属于直接的交际活动。对于具体内容的难易程度，需要教师根据教学进度进行把握。

间接的交际活动以服务直接交际活动为目的，但其本身并非交际活动，而是讲授、练习等相关活动。例如，教师在课堂上讲解某特定句型，并要求学生进行练习。当学生熟练掌握这一句型之后，再开展的交际活动，谓之直接的交际活动。而这一练习的过程，并不是直接的交际过程。但由于其目的是为后续的交际服务，因此该活动也带有交际性，此之谓间接的交际活动。

因此，口语课堂上所教的内容、所开展的活动、所采用的手段，都要看为什么目的服务。交际法要求，教师在对学生进行讲授后，不论是简单句还是复杂句，学生都能够马上在实际的交际活动中使用，利用所学知识进行提问或回答。简单来说，就是对学生的交际有用。相反，如果对语言的学习仅仅停留在"丰富知识"的层面，教师仅让学生们"知道、记住"而不灵活运用，那无疑是一场不充分的教学。

与之类似的还有一些"角色扮演"活动。该活动需要一分为二地看待。有些角色扮演活动，仅仅划定了框架，需要学生的主观发挥，这类活动便可以称之为交际。还有一些角色扮演活动，仅仅是按部就班地对某一剧本进行表演，角色的台词、行为也都经过了背诵，鲜有临场发挥的空间，这类的角色扮演活动，用来引导学生开口没有问题，但却无法作为真正的社交练习。

简单来说，手段和方法都为目的服务，只有目的是交际的，手段和方法才会合理。

2. 尽量重现交际过程

交际法以交际为目的，表现在课堂上，就是尽可能地展现语言在现实中进行交际的过程。

在现实生活中，受到文化、性格、场景等因素的影响，人与人之间的交际形式、交际语言都存在明显的差异。但不论差异如何变化，在人际交往的过程中，始终存在着一些共同的特征，或是说，人际交往的过程存在着一些普遍的规律。而这些普遍的内容，正是交际法所重视的。在交际法看来，交际过程中普遍的特征，可以概括为以下三个方面：

（1）信息空白

在实际的交际中，总会存在一些信息，这些信息仅为一方所掌握，而另一方却并不知晓。这部分内容，便成为交际双方的信息空白。而交际的目的，正是要填补这些信息空白。因此交际法强调，在课堂上进行的交际练习，也必须存在着信息空白，若是双方仅仅就已知的信息进行对话，那便沦为了机械性的训练，不能称之为真正的交际。例如，在课堂上相互询问对方的姓名、年龄、电话等，若是发生在已经熟络的同学之间，则算不上交际；若是与刚刚转来的新同学进行这番对话，由于这部分内容属于信息空白，一方真的想要对另一方进行了解，则可以算是真正的交际过程。

（2）自由选择

自由选择指交际双方所说的内容和方式都由自己进行选择，其最明显的体现就是结果的不可预见性。在实际的交际活动中，讲话的人需要思考自己要表达什么、自己要怎样表达等诸多问题，但由于一方无法预知另一方接下来的话语，所以这些问题都是在时间压力之下做出的。这种时间压力，也正是口语学习中最为困难的一方面。

因此在课堂上，如果教师将口语练习的范围和内容过多地限制，那么学生的思维和语言就都会受到局限。教师应当引导学生自由地选择表达内容和表达方式，充分调动其主观能动性，从而进行"真正的交际"。

（3）信息反馈

信息反馈，即交际双方彼此根据对方的信息做出相应调整。当双方开始交际时，总会伴随着至少一个目标。依据这个目标，交际的一方可能会进行询问、请求帮助、发出邀请、表达不满等，而另一方，则不能自顾自地讲话，而是要予以前者一定的反馈，例如回答问题、伸出援手、拒绝邀请等。这就要求在交际时，一方要时刻记着自己的目标，而另一方则要仔细聆听并对这一目标进行评估思考。

这种根据对方的信息而临场应对、随机应变的能力，也是语言交际能力的重要方面。因此，在交际法看来，学生之间的口语练习，不仅要思考自己想要表达的内容，还需要不断地对交流对象所表达的内容和态度进行判断，并以此做出反馈与应对。

3. 不要总是纠正错误

相较于其他严谨的教学方法，交际法对于学生在交际练习中存在的语言错误有着相对宽松的态度，特别是语法错误，更不会锱铢必较。正如前文所提到的，交际法的核心在于交际，而交际的过程更强调所想之意的传达。在这个传达的过程中，重要的是交际目的，语言的错误与否并不重要。当学生在交际练习时，也许会遇到已经学习但仍未掌握的知识，也许会遇到想要表达却从未学过的内容。

此时，为了不间断地传达意思，继续进行交际活动，学生通常会按照自己的理解来使用一些不规范甚至是错误的表达方式。

在传统的教学中，语言的正确性被过分地关注，学生的语言错误被频繁纠正。也正是因为对正确性的关注以及对错误的看重，学生往往会因为害怕犯错而不敢大胆地将思想进行表述，将自己的思路和语言局限于已有的知识框架内，从而使自由交际受到严重阻碍。

在交际法看来，语言学习中的错误不仅是一个正常的现象，更是一个可喜的现象，它恰恰证明了学生正在尝试使用语言。对此，心理语言学和应用语言学领域的学者们也都做过相关论述。

心理语言学家塞林克（Selinker）提出了"中间语"理论。所谓中间语，就是外语学习者所使用的外语。它既是外语又不完全是外国人自己说的语言，而是一种介于母语和外语之间的一个中间阶段。我们常将一些不标准的英语称之为"中式英语"，而这恰恰就是中间语的体现。毕竟，外语的学习不是一蹴而就的，而是一个循序渐进的过程，因此，中间语是每一位外语学习者都无法逃避的阶段。在这一阶段，学习者不论是从语音、语调，还是用词、句法等方面，都会有诸多不规范的地方，这些都是无法避免的。而语言学习的首要任务，并不是纠正这些不规范，而是让学生接触更多的语言学习机会，使其在不断的学习实践中认识并改正错误，从而使语言愈发纯粹完美。

从实际来看，奢求外语学习者能够各方面都达到相对应民族或国家的外语水平是很艰难的。通常来讲，只有在相应的环境中生活相当长的一段时间之后，外语的水平才有可能达到那种地步，而普通的外语教学是难以实现的。从客观条件的限制来讲，学生在语言学习中的错误总是要存在的。

因此，在交际法口语教学中，学者普遍认为与其在学生的语音语调上大费周章，不如花费同样的时间与精力对学生的语言表达能力进行培养。

需要说明的是，交际法强调"不要总是纠正错误"，并非对学生错误的放纵，而是分清主次、有所取舍、具体分析。同样是语言错误，有些错误比较小，只是听起来不舒服，其原因往往是省略介词、主谓不一等；有些错误比较大，可能会导致句子无法理解，其原因或许只是学生词汇量的匮乏，或是代词的误用等。因此，到底纠正什么样的错误、怎样来纠正、何时去纠正，就需要辩证地看待。

那么，何时、如何、谁来纠正学生的语言错误呢？交际教学法主张，在讲话的过程中，为了保证学生语言和思路的连贯性，是不予纠正错误的。在讲完之后，交际教学法也不主张教师直接指明错误和正确答案，而是主张通过让学生听录音自纠、同学讨论互纠等方式进行纠错。当学生实在意识不到时，老师再予以帮助纠正。这样的纠错方法，远比简单直接的纠错更有效果。

（二）交际法英语口语教学中的主要关系

采用交际教学法进行口语教学的英语教师，在平时的教学中不仅要以上述三项原则为指导，还必须处理好教学中的主要关系，即教师与学生的关系。

在交际法教学中，教师扮演者三种角色。

1. 交际过程的促进者

促进者，又是组织者和向导，顾名思义，就是要在课堂上组织、促进学生开展交际活动。首先，在活动之前，教师需要对学生的综合情况进行全面的了解，以此来使活动更具针对性。例如学生的学习目标、知识储备、学习风格、兴趣爱好等。其次，对于具体的活动，教师不仅要做好制订计划、安排任务、分配角色等基础工作，更要在交际过程中循循善诱，推动交际活动和谐稳步地进行。最后，教师的促进者身份还体现在教师本身就是一种学习资源。学生在交际活动中总会遇到各式各样的问题，此时教师就要及时为学生提供咨询服务。这一引导不仅是流程上的引导，还有知识上的引导。学生通过对老师及时的提问，解决词汇、文化、句式等各方面的问题，既有利于自身口语水平的提升，也有利于交际活动的顺利进行。

2. 交际过程的参加者

"参加者"的身份决定了，在口语活动中，教师有着与学生平等的地位，不便直接干扰交际。在这个过程中，教师作为观察的一方，需要及时注意学生们存在的优势与不足，以此来制订下一步的教学计划和活动策划。同时，教师还是交际的一方，在活动中不断注入新的内容，为活动增添动力。在此过程中，教师还可以在恰当的时机给予学生相应的指点、引导与帮助，从而鼓励学生更进一步的口语发挥。

此外，"参与者"与"促进者"是紧密相连的一组角色，教师在课堂教学中无法将二者割裂。一方面，教师既是学习资源本身，又是口语练习活动的组织者；另一方面，教师始终是课堂教学的向导，不论学生拥有多高的主体地位，仍然需要教师把控教学的节奏。

3. 研究者和学习者

如果单纯从"教"与"学"的关系来看，教师仿佛是以主人的身份存在的，但是从课堂的主体来看，教师并不居于主体地位。所谓"教学相长也"，教师在传道授业的同时，也是一名研究者和学习者。在口语交际活动中，教师需要不断进行观察、反思与总结，审视活动各个环节出彩的地方与不尽如人意的方面，或是当大多数学生都在重复一个错误时，对自己的教学状况也进行一些思考。通过对这些问题的研究和学习，教师的教学经验与组织能力也会逐步提高。

在交际法教学中，学生也收获了新的身份和要求。

（1）交际法教学赋予了学生在课堂中主人的地位，同时也对学生提出了更高的要求——要为自己负责任。对于学生而言，明确自己的目标，加强自身的能动性和自控力，培养学习的内驱力，都是为自己负责人的表现。

（2）学生在交际法教学中，收获了更加自由的学习环境，这也意味着，学生在学习过程中的成功与失败、正确与错误、讨论与争辩，都是向着目标前进的过程，既是合理的，更是有价值的。在这个过程中，学生应当不断探索学习方法，寻找适合自己的学习手段。

（3）在交际法教学中，学习是强调"交际性"的，换而言之，学习是需要学生之间相互合作、相互依赖的。一方面，学生在学习中的目标、方法、过程会与其他同学相互影响；另一方面，每个学生所表达的观点、见解、思考也需要在交流中得到升华。任何学生都无法成为学习过程中独立的个体，既需要他人的帮助，也需要对他人施以援手，从而共同的进步。

（4）学生还是信息的反馈者。当学生对自己的学习经历、学习成果、学习方法等方面有所感悟或疑问时，应当及时向教师进行反馈，这也是与教师进行交际的过程。此外，在学习中收获的成果，也需要与同学之间进行反馈和交流。总而言之，在交际法教学中，师生、生生之间，都是彼此帮助、彼此促进的。

第三节 二语习得理论

一、二语习得理论

（一）克拉申监控理论

克拉申（Krashen）的监控理论于 20 世纪 80 年代提出，一经提出就成为当时影响力最大的习得理论。其包含"五大假说"，第一是习得—学习假说；第二是情感过滤假说；第三是监控假说；第四是输入假说；第五是自然顺序假说。

克拉申的监控理论最突出的特点是提出了人脑在语言方面存在着两个相互独立的系统：有意识系统和潜意识系统。儿童习得母语就是潜意识的习得过程，而通过刻意记忆与教授是在有意识学习语言的过程。两个系统在学习语言时可以同时运转。这就是监控理论中的习得—学习假说理论。

克拉申的监控理论中所谓的习得是指学习者在潜移默化中通过实践自然而然地学会一种语言，使之成为一种能力，并且可以熟练运用和使用该语言。通过习得掌握语言的学习者可以不费吹灰之力运用该语言进行交流与沟通。那么相对应的学得指的是学习者有意识通过调动身体和大脑去加深对该语言的理解与研究，以达到可以运用的目的的过程。学得的语言运用能力比习得的语言较差，但是理论能力强，对语言的规则比实际使用更突出。

儿童在习得母语的过程中不用刻意去学习语言，在潜移默化中，在平时生活中，在与人交往中自然而然就会习得，这种自然而然的习得更容易掌握语言，不易忘记。与之相反的，成年人的语言学习就是学得的过程，这个过程缺少自然而然的特性，具有刻意性，只是在学习语言的规则和技巧，只能粗略了解一门语言，导致出现学习时记忆深刻，不用时就会忘记的尴尬情况。

通过上述情况我们可以知晓二语的习得，应该从儿童学习母语中吸取经验。儿童学习母语是在潜意识中，在与周围人的不断交流中，在不断使用中得到强化和练习的，在这个过程中他们的语言能力得到提升。因此，学习者在学习第二语言的时候，教师应该多多创设情境，不断使学习者在情境中与老师进行交流，增强实际运用能力，尽可能只使用所要学得的语言，在不断练习与实操中强化第二语言的运用能力，使之真正地内化为自己的语言。

情感过滤假说认为在二语习得过程中情绪情感对语言学习输入会产生过滤作用。比如动力因素，学生学习第二语言的动力强弱会影响语言输入效果；情感因素，轻松的心态可以促进语言的输入，焦虑的情绪会影响语言的输入；性格因素，外向开朗的学习者对语言输入有更好的接纳。

监控理论假说是学习者在学得语言以后，对其运用的过程进行监督和纠正。习得语言是潜意识的语言能力，而学得语言是一种有意识的语言，在输出运用过程中，大脑会对其语法规则、语言形式等进行监控和纠正，以保证语言的正确。

输入假说是该理论的核心，在理论与实践中都具有重要意义。可以理解的语言输入对于第二语言的学得具有重要意义，是必备条件，只有学习者理解语言才能学好语言。克拉申认为，理想的输入应具备以下几个特点：语言材料的可理解性、语言材料有趣又有关联、足够的输入量、语法程序安排。

自然顺序假说提到学习者对于语言知识的学习是有顺序的。语言学得中一些规则比另一些规则要先学得，和教学顺序无关，具有普遍性。

克拉申的监控理论涵盖了比较全面的研究成果与理论研究，在二语习得理论中具有举足轻重的地位。该理论不仅阐明了二语习得的认知过程和输入，而且就个体差异、情绪等不同方面进行了不同分析，还提出了语言运用过程中的大脑监督与纠正，也探讨了不同课程不同的听说、讲练比例。对教育教学有重要的指导意义和借鉴意义。

（二）环境论

就环境论而言，对于生物发展其认为后天的经验比先天的因素更为重要。

1. 行为主义"刺激—反应"理论

行为主义的"刺激—反应"理论是环境论的早期基础，该理论认为语言是在环境的刺激下做出的反应，语言是一种行为习惯，二语习得就是要克服本身母语因素等外在环境因素的干扰，培养新的语言习惯的一个过程，是不断进行语言刺激从而做出反应的过程。

行为主义作为重要的心理学流派之一，它不仅对心理学的研究产生了积极的影响，也对二语习得的研究有着重要影响。

在20世纪50年代，斯金纳用行为主义的原则来阐释了语言习得理论，即认为学习是一种行为养成的过程，任何行为都受这种行为结果的影响，他提出人类学习语言与动物学习做事情没有本质区别，人类的语言是由于内、外部刺激而产生的，人类因为这种刺激做出的反应就是语言。

模仿、强化与扩展是行为主义所提出的三个影响行为的因素。所谓模仿即对所接触的行为的重复、机械模仿，以达到不假思索便可以出现的行为。强化就是对学习者的这个行为进行强化，通过对正确行为给予奖励、对错误行为给予惩罚的方式。不断强化这个过程可以使学习者做出正确的、恰当的反应。扩展强调的是通过类比新的行为与已有的行为，来掌握新的行为的过程。因此行为主义所倡导的习得语言的观点是：儿童习得母语就是一个语言行为的不断模仿、强化、重复、成形的一个过程。在这个过程中，儿童对成年人语言进行模仿输入，成年人对儿童的语言模仿的正误给予奖励或惩罚，不断加强这个过程，久而久之便习得了母语。

我们可以将行为主义的"刺激—反应"理论应用于实际的语言教学中，即教师先让学生模仿语言材料，进行输入模仿的过程。然后老师对于这个过程中学生的语言行为的正确与否做出强化行为，奖励、表扬或惩罚、批评，以此来不断强化学生的这个正确行为，来达到语言学习的目的。这个过程对学生是至关重要的，教师可以将语言的学习任务分阶段进行，每个阶段都进行"刺激—反应"的联系过程，这样可以有效地学习语言。

2. 文化适应模式

文化适应模式是1978年由舒曼提出的二语习得的理论。二语习得是生理和心理的运行机制，该理论认为第二语言习得是文化适应的一部分，学习者是从不适到适应的过程，学习者对目的语群体的适应程度也决定了习得语的学习效果。

文化适应模式的核心观点是：第二语言习得是文化适应的一部分，即适应新文化的思想、理念、情感、信仰、交际、人文等过程。该理论认为二语习得就是接触新文化、融入新文化的一个过程，心理距离和社会距离对二语习得的效果有着重要影响。社会距离指的是学习者和目的语群体的关系，两个群体接触距离越近越有利于学得第二语言。心理距离指的是学习者个人在与目的语群体的接触中，个人情感与群体直接的关系，个人感情倾向越好越有利于二语习得。基于该理论，众多学者也进行了相应的探究。

文化适应模式理论对于二语习得的文化适应分为四个阶段，分别是：第一，刚刚接触文化后会产生兴奋感、幸福感和新奇感；第二，因为不断接触文化，出现生疏、文化震惊，进而产生的抵抗情绪；第三，慢慢适应，慢慢调节紧张情绪，舒缓情绪继续适应；第四，适应新文化，同化新文化。

文化适应过程中出现紧张和震惊是很正常的现象，也是学习者需要经历的一个过程。不同学习者在不同阶段、不同背景下，这四个阶段也是不完全相同的，个体之间存在的差异，学习能力，不同年龄段对二语习得都会产生不一样的效果，比如儿童的适应能力比成人要强，其受母语干扰较少，对于文化的不适和紧张比成年人要小，故而，适应文化能力强，二语习得效果好。

二、二语习得理论对英语口语教学的启发

（一）克拉申监控理论对英语口语教学的启发

1. 习得和学得相结合

克拉申的监控理论对于英语口语教学来说，重要的一个启发就是习得的环境对于学习者来说很重要，该理论强调习得对于语言的重要性，认为学习者尽可能在潜移默化地接触和学习交流中习得语言，这需要学习者在相应的语言环境里或

者尽可能创造语言环境来助力二语习得。

　　该理论可以给英语口语教学带来启发，教师在进行口语教学时可以尽可能地创设语言情境，帮助学生迅速进入语言环境，在语言环境中潜移默化地学习和掌握语言，学生的积极融入有利于教师教育教学的顺利开展，也有利于学生学习取得良好的效果。虽然这个过程可以帮助学生尽快进入学习状态，助力二语习得，但是还是需要与学得相结合，这就要求老师在进行习得学习活动的同时，有意识地引导学生习得语言知识。这不仅有利于教师完成课程目标、促成高质量的教学，而且有利于学生建立该语言的框架体系和深入了解语言的魅力，进而推动语言的学习，使之学习成效增加。习得与学得相结合的学习方式不仅可以使学习者在潜意识作用下在语言环境中学习，而且可以在有意识地学习中不断增强语言能力，系统学习语言。

　　2. 帮助学习者克服情感障碍，提高学习效率

　　克拉申的监控理论中的情感过滤假说认为在二语习得过程中，情绪情感对语言学习输入会产生过滤作用。比如动力因素，学生学习第二语言的动力强弱会影响语言输入效果；情感因素，轻松的心态可以促进语言的输入，焦虑的情绪会影响语言的输入；性格因素，外向开朗的学习者对语言输入有更好的接纳。因此，在英语口语教学中，帮助学习者克服情感障碍显得尤为重要。

　　在动力因素方面，教师需要先了解学习者学习的动机，比如出国语言需要、工作需要和阅读外文书籍需要等。对于学习者学习的目的越明确，其学习动力越强，学习效果越好。作为老师，不仅应该帮助学生学习，还应该帮助学生找到自己学习语言的动机，以此激励学生的学习热情，从而使学生高效地学习语言，达到很好的教学效果。那么如何帮助学生找到学习动机或者说激发出学生的学习动机呢？教师可以通过一系列的活动来激发学生的学习兴趣，比如在口语练习中加入竞争，以比赛的形式进行；口语活动按照由易到难的顺序进行，增加学生自信心；通过增加活动的趣味性和真实性，吸引学生兴趣等。

　　在情感因素方面，轻松的心态可以促进语言的输入，焦虑的情绪会影响语言的输入。这就需要教师对学习者出现焦虑的原因进行分析，比如学习者缺乏自信、未准备好等。适当的焦虑可以起到促进作用，但是太焦虑会影响学习者的学习，这就需要教师在教育教学中营造一个良好的、轻松的、愉快的课堂氛围，使学生放松，享受学习，乐于学习，积极主动参与学习过程。在这样的学习氛围中，学生增强了自信，缓解了焦虑情绪，不断扎实语言基本功，进而更愿意学习语言，形成一个良性循环。

在性格因素方面，外向开朗自信的学习者对语言输入有更好的接纳。自信开朗的学习者很愿意开口说英语，而不自信的学习者则不敢开口，不开口则语言无法运用，学生很难学好，就更加害怕开口，如此反复形成恶性循环。教师在英语口语教学中要鼓励学习者开口说英语，即使出现发音不正确、语言不连贯、句子有错误等现象也要鼓励其多开口练习，也可以通过提问等方式照顾那些不喜欢发言的学习者，使每个人都参与到课堂活动中，在与老师交流互动中不断提高口语能力。

（二）环境论对英语口语教学的启发

1. 行为主义理论与英语口语教学

（1）课前兴趣导入

行为主义的"刺激—反应"理论认为不同的刺激会出现不同的反应。因此，教师在教学中可以进行课前兴趣导入，利用课前时间使学习者激发出兴趣和学习热情。教师可以在课前导入环节就让学生有诉说的欲望，比如创设开放的社交情境，让学生在课前进行交流，与老师进行沟通。老师也可以通过肢体语言、丰富的表情、生动的语言来吸引学生的兴趣，感染学生，引导学生进入课堂学习，起到良好的引领作用。

（2）课中内容输入

行为主义的"刺激—反应"理论强调的是直观刺激，为此，教师在教育教学中需要给予学生更多的刺激，创设情境，使学生在不断刺激中做出反应，达到语言输入的目的。如何创设情境是一个重要教学突破点，这就需要教师在英语教育教学中将听、说、读、写相结合，利用现代信息技术，采用多媒体教学、视频教学等手段，进行视觉、听觉、动觉多通道输入，使视听结合、语言与形象嵌合，不断增强语言的直观性，以此强化刺激。为了使课堂教学更具直观性，教师可以根据课堂内容实时变换课堂形式。比如让学生感受不一样的中西方文化，教师可以在网上找一些文化、语言、生活习俗、观念信仰等方面可表现中西方文化对比的视频或图片，让学生更加直观地感受中西方文化的不同，以此激发学生学习兴趣和求知欲，引导学生自己思考，不断增强学生的自主性和学习动力，这样也可以增强学生口语学习的兴趣。

（3）创设语言环境

行为主义中的强化就是对学习者的行为进行强化，通过对正确行为给予奖励、对错误行为给予惩罚的方式，不断强化这个过程使学习者做出正确的、恰当的反应过程。这个过程是保持的关键，这就需要教师在教育教学中不断鼓励学生讲英语，并给予奖励的反馈，达到强化的效果。

强化过程中老师和学生都是重要一方，故而融洽的师生关系可以促进教学活动的顺利进行。实践证明，融洽的师生关系、轻松愉快的课堂气氛、浓厚的学习兴趣，可以助力取得良好的课堂教学效果；反之，不融洽的师生关系、严肃紧绷的课堂环境、兴趣缺乏的学习者会对教师的英语口语教学产生不利的影响，甚至会适得其反。

因此我们可以看到行为主义的理论在实际的英语口语教学中有着积极的借鉴作用，可以激发学生的学习热情，矫正错误的学习习惯，养成良好的行为习惯，打好语言学习的基础。但是我们也清楚地看到行为主义中的不足，比如未能使学习者在真实的语境下学习，忽视了学习者的主观能动性，不利于学生语言沟通能力的培养。为此，作为教师应该在教育教学中取长补短，根据实际情况及时调整教学方法，提高教学效率和质量。

2. 文化适应与英语口语教学

（1）创设语言环境，重视文化适应

文化适应理论强调的是文化适应，二语习得就是接触新文化，融入新文化的一个过程。因此，教师在进行教育教学过程中就需要为学生创设良好的语言环境，课堂中以学生为主体，使学生在环境中适应文化，接受文化，接受语言。要打破自然环境和课堂环境的界限，就需要教师在英语口语教学中不断为学生创造真实的语言环境，将学习者学习实践的场所转移到课堂，在语言使用中不断将语言内化为自己的语言能力，不断促进语言的发展。

教师在英语口语教学中要首先改变的是以往机械的以教师为主的教学模式，比如背诵短语搭配、背诵句式、背诵范文等。在现在的教育教学中以学生为主导，充分发挥学生的积极性和主动性，提高课堂的灵活性和吸引力，不断增加口语使用频率，增加开口的机会，比如小组讨论、小组对话、角色扮演、演绎情景剧、辩论赛等形式。这种新颖的授课方式也可以让学生在实际交流中体会中西方文化的差异，增强学生的语言使用能力和应变能力。当然在实际教学中还需要教师不断地为学生提供了解相关文化背景的机会，以便适应文化，比如介绍相关文化的短片、照片、风俗习惯等。

（2）多媒体辅助教学

互联网技术的飞速发展给现在的教育教学带来了新的启示，教师教学是一个动态的活动，面向的是一群有活力、有朝气、有思想、有个性的学生。因此，教师在教育教学中需要针对不同的授课内容，不同的群体采取不同的授课方式，以达到最佳的教育效果。教师在进行英语口语的教学过程中可以利用互联网技术，不断更新教学方法，比如演讲、小组讨论、小组对话、角色扮演、演绎情景剧、辩论赛等，不仅使学生可以沉浸式学习而且可以使学生直观感受到中西文化差异。现代信息技术的发展给教育教学不仅提供了丰富的资源，而且在信息传递方面也有很大的提升，为学生提供了更多的学习资料和实践机会，有利于语言能力的提升。

新媒体技术在课堂上的应用，使课堂具有传统课堂没有的特点，比如丰富性、多角度、立体化教学。在授课的过程中教师可以采取多媒体教学，通过声音、画面、音乐相结合，将语言环境创设在课堂中，使学习者产生身临其境的感觉。教师可以给学习者播放相应的语言电影等视频（如《走遍美国》《动感英语》）资源，为学习者提供大量的语言素材和语言信息，不仅可以直观了解中西方文化，而且可以增强语言交流能力，促进跨文化交流。具体的教育教学以"中西方文化差异"为例，教师在教学中，可以提前播放相关影片引入课堂内容，在课堂中将学生分成小组，进行讨论交流，就中西方的文化习俗、教育体制、礼仪文化、餐饮习惯等展开讨论，通过小组讨论整合相关素材，最后以流利的口语在小组间乃至班级中展开交流。

第四节 合作学习理论

一、合作学习理论的基本内涵

在 20 世纪 70 年代合作学习理论在美国被提出，在 20 世纪 70 年代中期至 80 年代中期取得突破性进展。合作学习指的是由 2—6 个不同性格能力的学习者组成一个互相学习的小组，共同完成目标任务，在这个过程中不断学习进步的。合作学习的代表人物也都提出了自己的见解，罗伯特·斯莱文(Robert Slavin)认为合作学习是一个小组通过相互学习，使整个小组获得奖励或被认可的教学方式。美国的约翰逊兄弟认为合作小组就是教师利用这个形式，最大限度促进相互学习。我国学者王坦认为小组合作学习是小组成员相互合作，达成共同学习目标来获得小组整体奖励的教学方法。

由此可见，各学者对于合作学习都有自己的见解和观点，尽管不尽相同，但我们可以找寻到共同点，就是他们都很重视学生之间的合作与互动，在这方面该理论包含以下五个不可或缺的元素：第一，相互信任，相互依赖，相信自己的小组伙伴可以共同完成目标达成任务，同舟共济；第二，保证面对面交流，形成面对面的相互作用；第三，强调合作，在小组中需要小组成员具有良好的组织能力、沟通交流能力、合作能力，还需要彼此尊重；第四，明确个人责任，明确每个人在小组中的责任，防止推卸责任；第五，集体成长进步，小组作为一个整体，需要不断自我检查与改进，不断成长与进步。

二、合作学习理论的理论基础

任何一种理论的形成和发展都会有其深厚的理论基础和适应时代的科学性。合作学习理论在世界范围内产生了深远持久的影响，不仅是因为其具有时代的科学性、进步性，还因其具有深厚的理论基础，其建立在心理学、社会学、教育学等学科基础上。

（一）社会互赖理论

社会互赖理论是合作学习最重要的理论之一，其最早出现在20世纪初的德国。格式塔心理学创始人库尔特·考夫卡(Kurt Koffka)于1935年首提"群体动力集体性"观点，是社会互赖理论的开端。后考夫卡的同事勒温进一步阐释，提出"动力整体"，即成员间相互依赖，群体中一个人的变化会引发其他群体成员的变化。之后他的学生道奇提出了两种互赖的类型——积极和消极，认为不同的类型会影响心理变化。此时，两种类型的理论在社会上占有主流地位。后来在20世纪70年代道奇的学生戴卫·约翰逊（D.W.Johnson）同他的兄弟荣·约翰逊（R.T.Johnson）在教育心理学兴起的背景下一起研究了道奇的两种类型的理论，并发展成为现在的社会互赖理论。

社会互赖理论将实践、理论、研究相结合，在道奇的两种互赖类型基础上提出了第三种类型，变成了积极社会互赖类型、消极社会互赖类型、无互赖类型。积极互赖类型会产生积极的互动与交流，形成良好的氛围，相互合作，相互促进，相互鼓励，彼此成长。消极互赖类型会产生消极的互动，彼此间不信任，不依赖，甚至阻碍成员的成长与发展，不利于成员成长进步。无互赖类型不会产生其他影响，没有互动现象，个体之间没有交集，不会存在合作竞争关系，彼此独立完成。因此该理论提出课堂教学存在合作、竞争、个人独立完成三种结构，涉及的合作学习理论的合作结构中，个人与小组的目标、方向是一样的。

在积极互赖类型中，成员个人的目标与群体的目标具有一致性，个人目标的实现有赖于群体目标的实现。在消极互赖类型中，个人的目标与群体的目标不具备一致性，个人目标的实现可能会影响其他成员的目标。在无互赖的类型中，个人的目标实现与否与群体、与他人都无关，不会影响群体和他人目标的实现。因此，我们可以看到社会互赖理论中的合作学习理论就是小组成员在一起为了共同的目标，相互团结、相互努力、相互依靠、相互进步。小组成员间相互勉励，愿意完成可以促进小组目标实现的事情；相互帮助，帮助他人进步，助力小组目标完成；相互友爱，良好的人际交往可以促进目标的完成，增加彼此信任与合作。

（二）选择理论

选择理论原为控制理论，哥拉斯（Glasser）在1979年将自己之前所提倡的控制理论改为选择理论。

哥拉斯选择理论的重要论断是我们由内在需要和动力所驱使，就像我们的身体一样，我们的身体是建立在我们的生理性结构上。该理论认为我们自从来到世界以后就需要不断去奋斗，为了生存、自由、爱与被爱，人类必须不断争取，在这个过程中不断控制自己的生活，我们所能掌握什么样的生活，取决于我们满足自己需要的程度，需要被满足的程度越高，我们越能控制自己的生活，生活效能也就越好。

哥拉斯选择理论认为我们基因中有四种需要会驱动我们的行为，即归属需要、力量需要、自由需要、快乐需要。这和我们维持生命所必需的空气、食物、水源一样不可或缺，这些需要都是不可忽视的，满足自身的需要会得到满足与愉快感，这个就是快乐，而得不到满足时就会感到痛苦、无助、苦恼。综上所述，选择理论就是一种内在需要被满足的理论。

（三）教学工学理论

教学工学理论中认为，奖励结构、权威结构和任务结构是影响学习质量和心理氛围的重要因素，起着至关重要的作用。

教学工学理论中的奖励结构包含两方面：第一，强化行为的方式，包含奖励类型（分数、表扬等精神性奖励或物质性鼓励）、频数（间隔时间、数量多少等）、形式可接受性（直接奖励与间接奖励）、对象（个人，群体）；第二，人际交往积极互赖性，奖励机构是针对合作学习中积极互赖型的，在小组合作学习中，个人的行为可以帮助他人和小组整体完成目标，利用激励来促进个人和小组的成长与进步，激发和维持良好的小组状态。

教学工学理论中的权威结构是指在社会系统中，由权威人士控制态势，维持秩序，维持正常运转。在教育教学中就是指老师主体或学生主体把控教学活动的力度。在课堂中维持控制，保证课堂的正常运转，这个权威角色可以由老师（任课老师、校行政老师等）、学生（学生个人、班长、学生团体等）来承担。在传统的教育教学中我们可以看到主要是教师担任权威角色，保证课程的实施，老师通过分数、奖惩等方式控制课堂，约束学生的学习行为，学生也在这种模式下为了分数和奖励进行学习，内在驱动力没有被调动，只是为了应付老师而产生的学习行为。这种情况下的学生既不能满足自我发展的需要，不能施展个性，满足内在需要，也不能适应社会对人才的需求。这种情况下合作学习带来了不一样的改变，合作学习既能调动学生学习的积极性和主动性，又可以满足社会对人才的需要。通过合作学习，学生在与他人合作中成长，不断激励和控制自己的行为，可以达到更好的学习效果。

教学工学理论中的任务结构体现在教学方式和组织形式上。教学方式体现在提问、小组讨论、辩论、课堂实验、课后练习等方面；组织形式则出现了三种不同形式，即个人教学、小组教学（同质和异质）和群体教学。

合作学习不仅改变了原有的群体学习模式，变为合作小组学习，而且在奖励结构、权威结构和任务结构中都出现了巨大变化，开始采用不同的学习活动来进行学习。比如在奖励结构中，从以往的面向群体学生的竞争改为面向小组成员合作的奖励；在权威结构上，现在是学生自我控制，学生主导权威，改变了原来的老师主导权威，老师开始作为辅助人员出现在课堂中；在任务结构里，不仅改变了以往分组时只强调同质分组的情况，加入了异质分组，根据学生的性格、性别、学习成绩、能力水平等综合分组，使小组更具有异质性，而且改变了以往的交流方式，由之前的单向交流变为动态交流、多向交流。

综上所述，合作学习中改变最大的、影响最大的、效果最明显的就是奖励结构，这也成为小组合作学习不断提高成绩和动力的关键。

（四）动机理论

动机理论又名动因理论，主要阐述动机的产生与机制、动机与需要、行为与目标之间的关系。有学者对动机理论在学生的奖励和目标结构方面提出了合作性结构、竞争性结构和个体性结构三种目标结构。动机理论的学者认为在合作性结构中，个人与小组的目标具有一致性，只有小组目标达成，个人的目标才能实现。因此，为了实现小组的目标，各个成员会尽最大努力帮助小组完成目标，也会为小组其他成员在完成小组目标时提供帮助与鼓励，以促成小组目标的顺利完成。

传统的课堂组织形式包含竞争性的分数和非正式的奖励，这就会出现恶性竞争关系，个人的成功会对其他人的成功产生威胁，或者出现教师偏爱高分者的不良现象。动机主义理论的学者对此表示了批评，这样只会导致对立的同伴规范，不利于学生课堂学习，不利于调动学生学习动力。这种竞争性的评分模式，会削弱学生学习的动力和积极性，"拔尖者"会受到其他人的排斥。而动机主义理论的学者所倡导的合作学习的模式，不仅有利于调动每个学习个体的积极性，充分发挥其主观能动性，而且可以使其学会合作精神，助力其他成员完成相应任务，共同完成小组目标，达成奖励，这也有利于学生形成正确的学业规范，强化学生的合作意识。

有一部分动机主义理论学者对动机的产生进行了研究，认为动机产生在人际交往中，是一种积极的彼此需要与依赖的表现。那么在课堂中激发动机就可以将学生进行分组，通过小组内成员的彼此合作，共同完成小组目标、实现资源共享、团体荣誉奖励共享等，建立起深厚的人际关系，形成利益共同体。只有让小组成员间真正地绑在一起，才能在荣辱与共、休戚相关中激发出学习动力。

（五）凝聚力理论

社会凝聚力在合作学习中对于学习成绩的好坏有着重要的影响。在动机上探究小组合作学习的实质，学生们在小组合作学习中互相帮助，互相关心是因为他们是绑在一起的，一荣俱荣，因此具有很强的凝聚力，可以达到很好的教学效果。

动机理论学者和社会凝聚力理论学者们从不同的角度对小组合作成员的互帮互助行为进行了阐述。动机理论学者觉得这个现象是由于小组成员绑定在一起，只有实现小组目标，成员目标才能实现，故而，成员间互帮互助以促成目标达成，本质还是出于自身利益的考量。而社会凝聚力理论学者则认为小组成员互帮互助是因为小组成员组成了小团体，每个人出于集体责任感而促进目标达成。该理论的学者强调小组活动的全过程，包括小组组建、小组活动中以及小组活动后的反馈与评价。不同于动机理论学者的个人角度，社会凝聚力学者着重从集体的角度进行了阐述，该理论认为在小组一起完成具有挑战性的活动后，小组成员会感受到强烈的集体感和荣誉感，要从整体上对小组进行评价，而不是从小组成员个人角度给予评价，这样小组的凝聚力就成为决定小组目标能否实现的重点。

沙伦（Sharan）与阿朗逊（Aronson）等学者在社会凝聚力的理论基础上进行研究。他们提出将学习任务专门化，形成小组成员的相互依赖。两位学者提出了不同的合作学习方法，沙伦提出了"小组调查法"，即在一节课堂中，将课堂中的内容分成很多课题，每个小组分一个课题，然后小组将课题进一步细分，分成子课题，小组成员一起探讨，形成小组成果，然后向全班进行展示和介绍。阿朗逊提出了"切块拼接法"，即老师将四到五个课题分给小组，再由小组进行细分，每个小组成员学习研究一个课题，老师们组成的专家组就同一个课题与所有小组的负责该课题的成员进行交流，之后让这些小组成员带着研究成果回到小组，再给其他人讲解这个课题。

"小组调查法"与"切块拼接法"都强调了学习任务的细分化和专门化，让小组成员担任不同的角色，比如检查员、观察员、记录员等，从而促进小组成员相互依赖、相互进步。这就如同凝聚力学者所倡导的要想小组成员协调工作，发挥个人最大的努力促成小组、班级整体发展，就需要重视小组建设、评议和任务专门化细分化。

（六）发展理论

所谓的发展理论就是围绕儿童的认知发展展开的，认为儿童在相互交流中促进认知发展和社会性发展。他们通过对任务与原本头脑中的知识进行架构与联系，促进对知识、认知的吸收和掌握。

发展理论中维果斯基的"最近发展区"理论具有很强的代表性。这个理论主要的观点就是儿童存在两个发展水平，一个是已经达到的儿童心理发展水平，即儿童现有水平；一个是儿童可以通过学习将要达到的水平。这两个水平之间的区间就是"最近发展区"。老师在教学中要为学习者设置一个比较高的适合的发展区间，教学要走在前面，不断创造新的发展区，教学会对儿童的发展引起其内部的发展变化，这个发展变化需要在现实中与他人的共同范围内、共同关系中的相互交流、相互沟通、相互合作中才能达成。这就表明在教育教学中，不仅在老师的教学中会体现最近发展区，在小组合作中也存在最近发展区。这就要求教师在教育教学中，利用合作学习的优势，通过在小组学习中的讨论、争论、磋商等来解决问题、协商意见。

维果斯基认为，只有在活动中、在人与人的交往中，人的心理才能得到发展。高级心理机能都是有一个发展过程的，比如儿童在最开始使用语言的时候，是将语言作为一种与他人交流沟通的手段而运用的，经过不断地使用语言，才慢慢转化为儿童自己内在的语言能力，变成其思维的一部分。因此我们可以得出，高级心理机能的发展过程先是作为心理机能在社会活动、集体活动中出现，然后作为内部心理机能出现，从儿童内部的思维模式，内化为自己的能力。

著名的认知发展心理学代表人物皮亚杰也有类似的论述，皮亚杰认为只有在社会中，在与他人交往中才能学习到经验、知识、规则、道德等，但是会出现认知上的冲突与矛盾。当个人在社会合作中出现了矛盾与冲突，就需要各方一起解决冲突与矛盾，这个过程中也会促进个人认知上的进步与发展。皮亚杰很重视守恒的研究，在小组学习中，个人的认知出现矛盾与冲突以后，随着冲突的解决，推理中的不足也会得到修正，在相互作用、相互帮助下，非守恒者会转化为守恒者，即非守恒者与守恒者在年龄相仿、完成守恒任务的时候，就会在相互作用下产生转化，非守恒者逐渐变成守恒者；或者有着不同看法和意见的非守恒者就一个守恒问题方面达成一致，他们也可以达到守恒。

根据皮亚杰的认知发展心理学和相关研究，一些学者认为学校在教育教学中应该加强小组学习的合作模式，增加合作活动在学生学习上的应用。学生在合作学习中，在相互作用、相互交流、相互学习中提高学习成绩，增强学习效果，不断促进自身的发展。在合作学习中会有冲突和矛盾，正是因为冲突和矛盾的解决会促进学生认知的发展与进步，只有在问题的解决中才能真正学到知识，获得高质量的学习效果。

发展理论中的维果斯基与皮亚杰的观点虽在不同的角度和方面阐释了发展理论，但是二者之间相互补充、相互完善。维果斯基侧重冲突矛盾不明显的情况，而皮亚杰理论侧重冲突矛盾明显的情况，在实际教学中两者可以相互补充、相互促进，为教师教育教学和学生学习提供更加专业的指导。

（七）认知精制理论

所谓认知精制理论，美国威斯康星大学的莱文学者已经做出了定义：学习者对所学的知识进行添加、建构和生发，通过与原有知识建立联系记住所学的知识的过程。比如通过场景再现，不断加深理解，通过与原有知识的联系加深记忆，达到将知识内化于心的程度。这相比单纯的课上记笔记，课后的总结、归纳更有利于记忆课堂内容。这一观点与认知心理学有异曲同工之意，认知心理学认为就是要想使所记忆的知识更加深刻，需要对所学知识进行构建、重组、精制，需要与已有知识建立联系，不断深化。

要想将知识内化为自己的知识，就需要"引进来、走出去"，在内化知识的过程中，用自己的理解方式和方法，通过精制、重组、归纳等转化为自己可以吸收的知识，建立与原有知识的联系，这是"引进来"。在"走出去"的过程中，用自己的语言和方式向他人输出自己所学到的新知识，通过这样的方式运用知识，完成知识的深化。在表达与倾听的过程中，二者均可以进步，从中受益。韦伯在对合作学习的研究中表明，给其他小组成员做详细解释工作的学生比其他学生受益更大，收获更多。这与丹赛罗的合作学习中倾听者学习获得比单独个体学生多的论断有异曲同工之妙。

（八）接触理论

接触理论的观点强调社会互动对教育的影响，其认为不同种族、性别、民族等在社会互动中有利于社会的安定与团结，有利于增进了解和沟通。对此，美国著名心理学家华生就不同种族关系进行了系统研究。他认为平等地位、积极的社会互赖类型、平等的社会规范、打破刻板印象以及不同种族间多交流合作均可以促进不同种族、性别人际关系的缓和与进步。另一位学者阿尔波特强调合作的重要性，他认为只有在合作接触中才能真正地促进学习，增强学习效果和人际关系，只是表面的接触不能促进学习、缓和人际关系。总而言之，接触理论对于不同民族、种族、性别的交流与合作起到了很好的理论指导作用，为不同特质的学生在一起合作学习提供了理论基础。

综上所述，虽然合作理论各家众说纷纭，但是还是有共同点的：都强调了合作学习的重要性，强调了人是社会中的人，人与人之间不只有竞争还有合作关系，合作能更好地促进学习与成长。对于老师来说积极为学生创建小组学习环境，有利于学生自主学习，充分发挥主观能动性，而且有利于课堂教学质量的提高。对于学生而言，学习成为一件快乐的事情。在小组学习中不仅能够与他人一起解决问题，还能使自身的知识体系得到建构，也实现了内心被需要、被关注、被认同的内在需要，推动自身更好地学习与成长。

三、合作学习理论的基本理念

在合作学习方面各个国家都进行了系统的研究，虽然存在文化差异，存在形式、名称的不同，但是其内涵基本是一致的，有很多相似的教育教学理念和观点，这对传统的教育教学理念产生了巨大的冲击，影响了教育界的变革。本书主要从互动观、目标观、师生观、形式观、评价观几个方面论述合作学习理论的基本观念。

(一)互动观

合作学习强调相互交往的重要性，如果只是把合作学习当作老师和学生的双边互动就太过于片面了。合作学习的互动观强调的是多方动态的互动，这与传统的教学观有着内容和形式上的巨大差异。国外教育家进行了很多研究，一致认为合作学习所倡导的互动观不同于以往的教育教学模式，具有先进性、科学性和发展性，主要体现在以下几个方面：

1. 强调教学活动是复合活动

在合作学习互动观里强调学习是一个信息间互动传递的过程，学生通过不断地交流合作进行信息互享，促进学习，这个观念建立在传统的互动观念之上，是对传统观念的反思与创新，符合现代教育教学的要求。合作学习互动观结合现代信息论，对教育教学中的互动行为方式进行了分类。第一，单向型，强调老师对于学生的单线知识输出，学生被动接受知识。第二，双向型，不单单是老师向学生传递知识，同时学生也会对老师所传达的知识进行反馈，强调双方互动。第三，多向型，即老师和学生间、学生和学生间的沟通与交流，强调多维度、立体性互动模式。第四，成员型，建立在所有主体平等参与的基础上，老师也不再是特殊的存在，老师作为成员之一，与学生一起学习互动，强调弱化老师的特殊性。

虽然学者们提出了四种合作学习互动模式，但是在现实中，大部分的实践依旧将重点放在生生关系的拓展研究上，对于将这个关系于课堂加以利用的建设性研究还很匮乏，需要更多学者贡献智慧，丰富理论。

2. 生生互动的潜在意义

合作学习理论之所以受到学界的瞩目，一个重要原因是生生关系的创新性发展。这与传统教学中的强调师生关系，忽视生生关系不同，合作学习理论对生生关系很看重，他们认为良好的生生关系对学生学习成绩的提高、完成社会化、个人的发展与进步有着重要影响。

合作学习理论突出强调了生生互动的重要性，并提出这种互动是教育教学中十分重要的一环，生生关系不仅关乎学生学习成绩的提高、学生社会化、个人的发展与进步，而且关乎学生的心理健康。良好的生生关系使得学生在与同伴的交往中内心得到关注和爱，可以促进学生心理健康的发展，有利于学生更加积极主动地投入学习，提高学习效率。为此，应该利用好生生关系的优势，改进教学方法，更新教学理念，完善教学体系，从更加宏观的角度把握教育教学全过程，做到科学、全面。生生互动运用得当，一方面减轻了教师的教学压力、促进教学高质量完成,另一方面提高了学生的积极性和参与性,可以实现双赢。

3. 师师互动的前导地位

合作学习理论不仅突出强调了生生互动的重要地位,而且对师师互动进行了强调。传统的教育教学中基本上都是老师各自备课,各自教学,很少有集体教研、集体备课情况的出现。合作学习理论强调师师的互动,该理论认为老师与老师间的差异体现在知识体系、擅长角度、思维方式、授课风格、教学方法、教学设计、认知层次等方面,因此不同老师之间加强合作交流有利于教师的不断成长,不断吸收新的先进的知识,取长补短,不断完善自己的教育教学水平。该理论强调师师关系的前导地位,是教育教学中不可或缺的一部分,老师间的沟通合作可以很好地启发智慧,给老师带来教学灵感,完善教学体系,促进老师的个人成长,也为高质量的教育教学打下基础、注入活力。

(二)目标观

合作学习是一种有目的性的学习活动,因为合作学习强调动态立体多向互动,以达到学生学习提高、促进知识学习、形成良好品质的过程。合作学习相较于传统的教学更具有人文色彩、情感元素。合作学习强调在教育教学中达成学生的认知发展、情感养成、技能学习、实践合作能力的目标。

基于合作学习的选择理论,这是一种内在需要被满足的理论,学生在学校得到满足才能适应学校的学习和生活,才愿意去学习,在学习中获得尊重和自信。在需要得到满足以后,身心愉悦,才更愿意参与进学习中。因而实际教学中,需要使学生在合作教学中感受到爱与被爱的需要,满足内在的需求,这就要求合作教学具有强烈的人文色彩,情感关怀。在实际的教育教学中,在小组合作的时候,学生在朝共同目标努力过程中相互交流、相互借鉴、相互影响,竞争与合作并存,在一个愉悦的、温情的、友爱的环境中成长与进步,小组成员共同努力,在帮助他人成长中也得到自身的发展与进步。在这个过程中不仅满足了学生爱与被爱,归属与影响力的需要,而且达成了高质量的学习效果,促进了学生学习、增加了学生的积极性和主动性。这种学习模式使学生在愉悦的氛围中学习知识,也提高了人际交往能力、沟通能力,对于学生全面发展产生了积极作用。

合作学习强调的是学习目标的达成,但是也没有忽视学生在小组合作学习中人际关系的发展。在合作学习中对于人际关系的培养体现在以下方面:一是处理矛盾与冲突的能力,合作难免发生冲突,在矛盾冲突的解决中提高应变能力,处理问题的能力;二是与他人沟通交往的能力,小组合作中需要小组成员的沟通交流,在这个过程中不断提高与人交往能力;三是合作技能的养成,在小组合作中,不是一个人单打独斗,是需要和其他伙伴共同解决问题的,这个过程就可以促进学生合作技能的养成。现在教学中依旧存在教师只重视学术目标忽视合作技能目标的现象,因此,开展合作学习有利于两个目标的达成,促进高质量教学,提升教学效果,不断提高学生的学习能力,促进教育教学体系的完善和进步。

(三)师生观

教学过程存在着很多的矛盾,有学生和教学内容的矛盾、老师与学生之间的矛盾、老师与教学内容的矛盾等,其中学生和教学内容的矛盾是主要矛盾。教育教学是一个关系复杂,矛盾众多,受多种因素影响的动态过程。合作学习的师生观从矛盾的观点作为切入点,介绍现代教育体系下的师生观。

在传统的教育教学体系中教师的教与学生的学构成了传统教学的主要活动,在传统教育教学中,老师具有权威性,基本上是灌输知识给学生,学生机械地学习,基本不思考,没有主动性,大量的机械、重复,以及没有吸引力的作业和课堂内容使学生渐渐失去兴趣,最终导致学生身心俱疲,懒于应付,出现厌学的情绪。合作学习中强调学生的主体地位,弱化教师的权威性、主体性,充分发挥学生的积极主动性,使用学生感兴趣的方式调动学生的兴趣和积极性,以此做到课堂高质量地完成。合作学习强调教师的引导性作用,让教师做学生学习路上的引路人,促进学生的学习和情感的发展,最终促进学生全面发展。

合作学习的师生观强调突出学生的主体地位,让教师学会"放手"。教师在进行教育教学中要利用生生互动的优势,利用小组合作,给学生大量的时间去探讨、交流、学习,改变传统课堂中老师大包大揽的课堂形式,将课堂任务交给小组完成,老师作为课堂节奏的掌控者和学生学习的引导者。对于教师来说,这也是一种非常有利的模式,不仅减轻了老师的授课负担,使老师有时间真正地了解学生的学习情况,而且有利于老师分更多的精力在研究教学上,提高教学的水平和课堂的质量,形成良性循环。对于学生来说,老师的"放手"使得学生学习更具主动性与创造性,还提高了学生的学习兴趣,学生做课堂的"主人",也满足了学生内在对于自我把控的需求。

传统教师的权威者角色被削弱,取而代之的是合作学习中老师的引导者、参与者、管理者、合作者、促进者、咨询顾问的角色。在这个过程中老师帮助学生解决学习问题,引领学生学会学习,做学生和教材内容矛盾的化解者,改变以往课堂中老师权威、学生服从的局面,形成良性的老师指导、学生参与的关系体系。

（四）形式观

合作学习只强调小组合作，该理论提倡班级教学为基础与小组合作为主体相结合的方式。这是因为在现阶段的合作学习实践教学中，班级教学依旧有着重要地位和不可忽视的作用，因此在实践中将班级集体教学与小组合作教学相结合，有助于发挥两个教学方式的最大效能，助力学生学习。

虽说传统的班级集体授课与我们倡导的合作学习中的班级授课不同，传统的班级授课强调知识的灌输，时间长，效果差，没有趣味性，而在合作学习中的班级授课要求简短有趣，既要有研究性、引导性，又要有突出性和深入性，为小组后续活动提供指导和预留时间。一般的合作学习流程为合作设计，目标呈现，集体讲授，小组合作活动，测验，反馈与补救。

合作学习小组中强调组员间的异质性，相较于传统强调组员间的同质性，合作学习小组强调学习小组之间的同质性，在组内相互学习、组间相互竞争，只有这样小组成员才能真正地学到知识，促进全面发展。

（五）评价观

合作学习的评价以标准参照作为基本评价，强调个人在过程中的进步，具有科学性、公平性、针对性。

合作学习的评价体系强调个人的成长与进步，强调个人的纵向比较，并非没有竞争性，只是竞争性体现在组间竞争、组内合作，力求个人进步为小组进步添砖增瓦。这种评价模式将小组成员进步作为小组的进步，不仅调动了学生学习的积极性、增强了学生学习的欲望，还促进了学生组内团结，增强了他们的责任感和使命感，有利于形成良好的合作竞争模式。

合作学习创新了评价体系，加入了基础分和提高分两个方面完善评价体系。所谓基础分就是学习者过往成绩的平均分数。提高分就是经过一段时间学习后取得的分数较基础分增长的分数。强调学生个体的纵向对比，即自己与上一个阶段的自己相比的进步程度，小组成员的进步会促进小组成绩的提高。在这个过程中，因为体现的是学生个体的进步，每个学生的学习基础是不同的，学习能力也有所差别，故而应该采取分类测评的方式，基础较好的学生一起测评，基础较差的学生一起测评，以保证每个阶段的学生得到最公平的测评。公正、公平地对每个学生所做出的贡献进行评价，使每个学生都得到奖励，使每个学生都能成长进步，形成良好的竞争循环。

合作学习的互动观、目标观、师生观、形式观、评价观等基本理念体现了心理学、社会学、教育学、信息学等在合作学习中的应用。合作学习突出强调了人际关系的重要作用，强调了生生互动、师师互动和师生互动的多维度动态互动观，以小组活动为主体、班级授课为基础的形式，以标准参照为评价模式的手段，强调个人进步，以促进学习成绩的提高，学习能力的增强，在不断合作中加强学生的主体性，增强学生的学习兴趣，促进学生的身心健康的成长。

四、合作学习理论的模式

指导型、过程型、结构型和探究型是合作学习理论的教学模式，具体内容如下：

（一）指导型

学生小组成就分工法（Student team achievement division），简称 STAD 法，是典型的指导型合作学习方法，STAD 法强调教师在教育教学中的指导中心地位，突出教师的作用，这个学习方法是合作学习方法中最为灵活和简单的，STAD 法被分为五个阶段：

（1）知识传授，老师作为主讲，将课程内容的主要概念信息教授给学生。

（2）小组学习，通过异质性组建小组，每个小组 4—5 个成员，组间具有同质性，通过小组活动使小组成员掌握老师教授的主要概念。

（3）个人测验，每个学生就在小组内对学得情况进行测验，只能独立完成，组内不可互相帮忙。

（4）得分计算，老师通过对学生的基础分和测验成绩进行比较，得出提高分，再计算小组内成员的提高分平均值，得出小组成绩。

（5）小组奖励，根据小组成绩按照一定的标准给予奖励，比如荣誉奖励。

（二）过程型

美国明尼苏达大学的约翰逊兄弟于 1987 年提出的共学法是过程模式最著名的方法。共学法共有五个阶段：

（1）小组成员形成积极的互赖关系。小组成员在进行小组活动的时候，要将自己看作是整体中的一部分，个人的得失与小组的得失息息相关。老师在教育教学中要使教育目标落地，使其具体分配到小组，将准备好的教学资料分发给各小组进行学习。

（2）合作学习小组使学生可以面对面，增强了学生与学生之间的交流与合作，教师在进行分组后，需要落实学习任务，对任务进行解释，保证任务的明确，明确小组目标，进而使小组成员明确个人目标与责任，增强小组成员的责任感，使每个小组成员都成为强者。

（3）小组在进行小组活动时不仅可以使小组成员学到知识，促进个人学习进步，而且可以促进小组成员的交往能力、社会能力以及合作能力。小组中各个成员为了小组共同的目标努力，在这个过程中他们互相帮助、互相成长，也促进了合作和社交技能。

（4）合作学习以小组学习为主体模式，在这个过程中老师需要实时把控课堂进度，为小组合作学习中出现的问题提供帮助和解决办法，做小组合作学习模式中学生的引导者和咨询者。

（5）自我评价和同伴评价，小组活动的顺利进行离不开评价的反馈，这种评价不仅有利于小组成员对小组情况及个人情况有及时、准确的了解，而且可以让教师及时了解小组情况，调整教学进度和方法，促进小组成员的进步。

（三）结构型

结构型合作学习模式强调结构的建构，具体如下：

（1）课堂结构，指在小组合作学习的过程中对课堂进行建构，使合作学习中的课堂具有凝聚力和向心力，提高课堂效率。

（2）小组结构，合作小组学习强调的就是小组的重要性，因此注重小组的构建结构，有利于小组内关系的强化，形成很好的凝聚力，充分发挥小组的整体作用。

（3）沟通者结构，只有提高了沟通者的沟通能力，才能准确交流，提高效率，不断增强交流能力。

（4）精熟结构，小组合作学习强调团队学习的效果，只有团队合作发挥最大的效果才能促进学生学习进步，该结构可以帮助学生掌握内容，在互动中学习成长。

（5）概念结构，要想形成概念就需要通过实际活动去加深理解，可以通过会见与上网等方式帮助小组成员对概念理解与加深。

（6）劳动分工结构，小组合作学习强调的是小组成员与小组整体目标相挂钩，每个小组成员都要在小组活动中完成自己的事情，承担一定的责任和任务，助力小组目标的达成。

（四）探究型

探究型的小组合作学习模式强调学生的探究能力，在合作中探究学习，不断成长进步，具体如下：

（1）老师提前明确课堂的总的课题，把握课堂学习的方向。

（2）老师将课题告诉学生，让学生查找相关信息，老师针对学生的调查情况进行汇总，对于学生感兴趣的点和一些其他问题进行分类，让学生根据自己感兴趣的点选择问题，组成小组。小组成员就小组问题展开调查研究，提出自己的观点看法，得出研究结论。

（3）小组成员进行调查研究后，进行汇总，得出小组结论，小组选出代表向老师和其他同学进行汇报。

（4）由老师和其他小组对报告进行评价。

综上所述，指导型、过程型、探究型以及结构型这些常见的教学模式各有千秋，均可以促进学生的学习成长，有利于调动学生的积极性、主动性，有利于改善师生关系，树立合作意识、集体意识，对于教师的英语教学有重要启发意义。

五、合作学习理论在英语口语教学中的意义

合作学习理论在英语口语教学中的意义不仅体现在对学生个人的成长方面，还体现在教师的教育教学中，具体意义如下：

（一）良好课堂氛围，畅所欲言，激发学生的热情和激情

与传统的教学不同，小组合作学习强调的是小组的主体形式，这样由原来的大课堂变成现在的小组，人数变少了，小组成员间也相互熟悉，就算小组成员出现说错话或者答错问题的情况也不会觉得不好意思和尴尬。而且小组合作的学习模式还给小组成员提供了轻松愉快的氛围，使学生没有负担，没有紧张情绪，没有压力，不会担心自己做得不好，想说便说，畅所欲言。在这样氛围下的小组学习可以使小组成员将更多的精力放在完成小组任务上，有利于激发小组成员的学习热情与激情，充分发挥小组成员的创新能力与人际交往能力，体会到学习的乐趣。

（二）突破传统教学的局限，提升学生主体地位

传统的教学强调的是大班教学，老师的主体地位；小组合作学习强调小组学习，突出学生的主体地位。传统课堂学生众多，在有限的课上时间里使每个学生都有发言的机会是很难实现的，而且教师还需要把握课堂进度，完成教学任务，时间紧，任务重，这些都造就了传统课堂的老师的主体地位。小组合作学习面向

全体学生，让学生做课堂的主人，小组合作学习人数少，多个小组可以同时进行，不仅有利于每个学生都开口学习英语，而且有利于调动学习积极性，提高教学效率，完成教学任务。在小组合作学习中，老师是引导者，小组成员可以积极展示自我，满足内在的学习需要，突出了学生的个体性需求，在小组合作、感知中达成小组目标，这也有利于教师减轻教学负担，可以更好地专注于学生成长和新课题的研究。

（三）增强学生的自信心，助力成长

小组合作学习由学生作为成员组成，没有教师的参与。正因为如此，小组成员可以畅所欲言，在一个愉快、轻松、平等的氛围里进行交流学习。在小组合作完成任务的过程中，每个小组成员不是各自为政，而是相互合作的，每个小组成员需要充分发挥自身的优势和特点为其他小组成员提供帮助，以此助力小组目标的达成，进而实现自己的目标。这个过程不仅锻炼了小组成员的沟通表达能力，缓和了其焦虑情绪，而且在帮助他人的过程中能够增强自信，树立奉献、乐于助人、互帮互助的精神。

（四）充分发挥主观能动性，提高创新能力

小组合作学习使每个小组成员的智慧得到充分发挥，不仅有利于提高学生的创新能力，而且有利于学生在与小组成员的交流中完善自己的知识体系，更新认知。人只有在与他人的交流合作中才能碰撞出思维的火花。在小组合作学习中，每个小组成员都可以尽情地发表看法与意见，这个过程中总会出现与其他学生本身的认知相冲突和矛盾的地方，在不断解决冲突和矛盾的过程中，学生不断受到启发，更新观念和认知，拓展知识与眼界，增强想象空间。"众人拾柴火焰高"，只有发挥小组成员每个人的力量才能使小组达到预期目的，小组成员的看法可能是片面的、不完善的，在小组学习过程中可以通过小组其他成员来完善，创造出集体智慧。因此小组合作学习不仅可以发挥小组成员的积极性、主动性，而且还能提高小组成员的创新能力，让小组成员在合作中获得进步与发展。

（五）增强团队的合作意识

在小组合作学习中，小组成员不单单是个体，而且是小组中的个体。在小组合作的学习中，不仅要求每个组员完成相应的教学任务，而且还需要帮助小组其他成员完成教学任务，以促进小组任务的完成。在这种模式下，小组成员的学习热情高涨，而且能够积极主动地帮助小组其他成员完成任务，增强了小组的凝聚

力和向心力。每个小组成员的基础都是不同的,每个小组成员的擅长领域也是不一样的,这就需要基础较好的小组成员在完成自己任务后尽可能帮助其他小组成员完成任务,在这个过程中小组成员不仅树立了乐于助人、无私奉献的精神,而且还能加深其对知识任务的理解,不断提高能力,促进自身成长。当小组成员真正融入小组中时,他们便是整体中的一部分,而不是单一的个体,只有小组成员拧成一股绳,才能更加出色地完成教学小组任务。这个过程中,小组的合作意识、凝聚力意识、团队意识得到了发展,营造了"我为人人,人人为我"的良好团队氛围。

六、合作学习模式在英语口语实际教学中应注意的问题

合作学习模式的优势很多,比如:促进学生积极性和主动性的提高、激发学生的学习热情、增强团队合作意识、增强小组凝聚力与向心力、提高创新能力和与人交往沟通能力。尽管如此,在实际的英语口语教育教学中我们仍需要注意以下问题:

(一)根据学生特质进行合理分组

合作学习强调的是组内异质性和组间同质性。

组内异质性就是指小组成员在年龄、性别、学习情况、学习风格、学习特质、性格特点等方面有差异性,而不是基本一致,比如:小组成员有基础好的学生也有基础差的学生,有敢于口语表达的外向型学生和害怕口语表达的内向型学生。组内异质性有利于不同特质的组员在相互交流中学到其他知识和特质,提升自己的能力,有利于优势互补、相互借鉴、相互学习,更好地完成小组合作目标,达成个人成就。

组间同质性指的是每个小组的整体水平是一致的,在参与积极性方面基本持平,组间同质的平衡使得小组间进行竞争具有公平性。

当然,小组合作学习也需要考虑到教育教学的实际情况,为了使每个小组成员达到最好的学习效果,在进行分组的时候需要考虑到小组规模和数量,一般是四到六人为一组,这样每个小组成员可以有充足的时间去交流学习,达到教学效果的最优。小组人数太多,每个组员的交流时间太短,不利于组员的口语练习;人数太少,不利于组员的有效交流,达不到交流效果。因此,需要控制小组规模和数量。

(二)教师发挥有效的协调指导作用

小组合作学习不同于传统课堂中教师主体地位的教育模式，它注重学生的主体地位，教师只是教育教学活动中的引导者和咨询者，把控课堂的教学进程。在英语口语的教学中，老师不能全然不管，需要老师在小组合作学习中小组成员有问题时，及时给予帮助和解答，在必要时给予肯定和鼓励。

老师需要转变之前传统的教育教学思维，在小组合作学习中，根据学生情况把握教学进度，把控教学方向，及时调整教学思路，为下一阶段的教育教学提供参考。教师要积极鼓励学生参与小组合作学习，对于成功给予肯定和表扬，对于失败给予信心和鼓励，使学生乐于学习、敢于开口，只有这样才能调动学生的积极性、主动性，也能促进课堂学习高质量完成，达到课堂训练口语的教学目的。

小组合作学习这个教育模式依旧在探索中，在实际的教育教学中会出现很多的问题。比如：教师没有转换好角色，依旧是以教师为主体进行教学；小组合作教学的整体性强调合作而没有突出独立性和学生个性；在小组中偏重汉语的使用，忽视英语口语的使用；部分学生的学习特点适合独立学习、不适合小组合作学习，效果适得其反等。这些问题的出现是难免的，需要各界学者和老师进行相关探索和解决。

第三章 学生英语口语能力的培养

口语是人们在日常生活中交流的主要形式，因此，在英语教学中，培养学生的口语表达能力既是语言教学的目的又是课程设计的内容。然而，在我国，英语口语教学长期以来一直没有受到足够的重视，"哑巴"英语现象比较严重。本章就学生英语口语能力的培养进行探析论述，包括口语能力概述、英语口语教学的原则与方法、英语口语教学活动设计和英语口语对教师的要求四方面内容。

第一节 口语能力概述

在日常生活中，人们一般不会去注意周围的同学、教师以及与自己相处时间较长的人的说话方式。然而，人们第一次与陌生人交谈时，自然而然地会注意对方的口音，从口音来判断对方的个性、处事的态度、猜想对方可能会是哪个地区的人，从而对对方形成一个初步的印象。

现如今，语言的综合运用能力对英语的教学越来越重要，口语的教学也随之备受关注。一些学校聘请了外教，专门开设口语课程；许多学校对英语口语教学更加重视。为了让学生获得较多的口语练习机会，有些学校还规定教师在课堂上讲话的时间要在固定范围内。

那么，英语口语到底如何来教呢？要弄清楚这个问题，首先得弄清楚什么是口语能力。了解了口语能力的各个组成部分，在此基础上对英语口语展开针对性的教学才能更见成效。

一、口语能力的概念

什么是口语能力呢？英语口语教育教学效果的好坏与学者对于口语能力的概念理解有关，每个时期的学者有着不同的看法，并随着时间的推移不断变化。

在最开始的教育教学中，人们学习语言的目的是掌握语言的发音、表达、句式、语法来用于交流，认为这些知识的掌握可以帮助学生运用和交流，但是现实情况并非如此，甚至有越来越多的弊端出现。

在 20 世纪七八十年代，全球移民浪潮的背景下，美国、澳大利亚、新西兰、加拿大等国家不断涌入越来越多的使用其他语言的人。在这个大背景下，各国学者对于语言的看法发生了改变，不再是只停留在理论阶段，而是注重语言在社会上的运用，帮助新移民者适应社会，谋求生活。

在 20 世纪 70 年代中期，学者更加注重语言的实用性，将其看作交流中的一种社会能力。著名学者萨维尼翁（Savignon）提出语言是一种能力，可以帮助学习者与他人进行交流互动，这与传统语言强调学术性不同，更加强调语言的实用性，他还强调学习者"还需要了解语言使用的社会文化环境"，把语言当作与人交往的能力，从而更好地融入新环境。

语言是独具魅力的一种能力，社会语言能力、语体变换能力、策略能力和语篇能力是交际能力中非常重要的方面。其中社会语言能力指的是在不同的社会环境下使用不同的语气、语调、词汇的能力，包含用词是否符合语境、语气是否礼貌、语言是否正式等。例如，当在正式社交场合进行语言沟通的时候，需要用语规范、语气语调正式、语法符合规范、发音清晰正确（如 walking 就不能像在非正式场合下那样发音为 walkin）、词汇正规（如 father 比 dad 正式、child 比 kid 正式）等，具体示例如下。

【例 1】

A：I don't know.（Grammatical, formal）

B：I dunno.（Ungrammatical, more casual）

【例 2】

A：Hello, what are you doing?（Grammatical, formal）

B：Hey, whafre yuh doin'?（Ungrammatical, more casual）

语体变换能力是指使用者根据使用场景分情况使用语言的能力，如老师在教学中经常让学生帮忙发放试卷习题，礼貌用语会因不同场合不同对象产生不同的说法，但是老师需要帮忙这个情境，核心话语就是"hand out the papers"，由此出现下列情境语句：

（1）命令的、生硬的语气，"Hand out the papers."祈使句，采用谓语动词"hand out"和直接宾语"the papers"直接拼接构成。

（2）含有礼貌用词"please"，成为"Please hand out the papers."

（3）疑问句，含有礼貌词，更加委婉，"Would you please hand out the papers?"

（4）条件从句，语气更加委婉，"I'd appreciate it if you would please hand out the papers."

策略能力指的是当语言者在运用语言的过程中，在面对自己知识或技能上的不足会使用到的语言能力，当语言者不知道用什么词来表达想法的时候可以使用肢体语言、面对面实物演示等来表达自己内在想法。比如，客人需要使用吹风机但是不知道如何说"吹风机"这个词，这种情况下和前台服务人员的对话就会使用到策略能力。

方法一，将吹风机解释成其他的自己能表达出来的词汇，比如"the thing that make（s）the hair hot"例句：It is,uh,the thing that make the hair hot.You know,when you clean the hair and then after——that thing that make the hair hot when the hair has water.Ifs,um, it use electric to make the hair hot.Is not in the room and I want to use it.

方法二，与沟通者面对面交流，不仅将吹风机转换成其他词汇，而且可以询问对方是否会自己所说的语言。例如：So,uh, now,my hair is wet. And I must go to the party.So now,I need that machine,that little machine. What is the name?How do you call it in English? 客人把吹风机解释成"that little machine"，并且向前台服务员询问"How do you call it in English?"

方法三，利用两种语言进行过渡，表达自己想法。例如：We say in Spanish secadora——the dryer,but is for the hair.The dryer of the hair.Do you have a dryer of the hair? I need one please. 客人先用自己的母语西班牙语"secadora"描述吹风机，然后再过渡到英语"Do you have a dryer of the hair?"

方法四，面对面交流，语言和肢体语言共同使用。例如：(Imagine that this guest is at the hotel's front desk talking directly to the clerk.) Yes,uhm,please,I need,you know the thing,I do this（gestures brushing her hair and blow-drying it）after I am washing my hair.Do you have this thing? 客人与前台服务员进行面对面的交流，直接用手比画着，说明自己需要一个吹风机。

综上，虽然语言者不知道有些词汇如何表达，但是可以通过交际策略达到沟通的目的。

语篇能力指的是语言者对于语言运用的组织表达能力，语言是否流畅、是否有逻辑，含有衔接与连贯两个方面。衔接指的是包含指代、运用同义词等手段的"一句话中各成分之间的语法和/或词汇之间的关系"，可以使谈话更加顺畅，衔接更流畅。例如：

Tina:Hey,Cheng,how's it going?

Cheng:Wow,I just had a test and it was really hard!("it"指代 Cheng 参加完的"test")

Tina:Oh, what was the test about?

Cheng:Algebra!All those formulas are so confusing!("algebra"和"formulas"表达了同样的指代意思）

Tina:Yeah, I don't like that stuff either.

语篇能力中的连贯即语句之间内在的逻辑关系，语篇中或语段中的意义内在关系。众所周知，任何一段话或者文章围绕中心句或中心思想展开论述，都很顺畅连贯。语言者在表述自己观点的时候要想使表述具有连贯性就需要明确主题句，然后围绕主题词句展开论述，不仅可以使自己的观点更加明确，而且也有利于倾听者抓住重点，理解意思，防止出现大篇幅论断但不知所云的情况。连贯性可能与交流双方的背景与学识有关，例如：

Lisa:Could you give me a lift home?

Sarah:Sorry, Fm visiting my sister.

两者之间的对话未含有语法与词汇的关联，但是两者都知道 Sarah 姐姐的住处与 Lisa 家方向相反，因而对话具有连贯性。

综上所述，我们可以看到社会语言能力要求语言者在不同的社会环境下使用不同的语气、语调、词汇的能力，在不同场景、不同场合下将所要表达的思想准确表达；策略能力要求语言者可以灵活运用语言，运用语言的过程中在面对自己知识或技能上的不足时使用肢体语言、面对面实物演示等来表达自己内在想法；语篇能力强调语言内在的逻辑性、连贯性，要求语言者要把握重点，把想要传达的内容准确、有效地表述。

二、口语能力的重要作用

语言是交流思想、传递信息的工具。人们借助语言进行交际，语言表达具有很强的实践性。因此，在社会实践中，更强调学生应具备较强的口头表达能力。这种表达能力的强弱，直接影响着学生与他人进行言语交际的效果，甚至影响着交际的成功与失败。所以提高英语口语教学效果已成为迫在眉睫的任务，同时也是广大教师科学研究的重要课题。

第三章 学生英语口语能力的培养

培养和提高学生英语口语能力是难度较大的教学目标。

首先，传统的教学过分注重语言表达形式，而忽视了语言表达功能（传统教学模式基本上是词汇→课文理解→语法→练习）。历来语法规则和词汇都是语言教学的主体内容。这样的教学只注重把语言当作孤立的符号系统知识传授给学生，往往把英语变成了"死语言"。尽管从知识（即语言学）角度看，拼写、语法、词汇、书面表达是要素，但是从实际性角度看，语言的功能、功能的变化、交流技巧和文化框架才是要素。一味追求复杂生僻的词语或冗长的句子是口语学习的大忌。

其次，由于教学内容、应试教育体制等客观原因，教师上课不得不占用绝大部分时间进行词汇讲解、句子结构分析等教学活动，因此教师一直处于教学的主导地位。学生在课堂上没有太多的时间思考，只能不停地记笔记；课后又没有良好的语言环境，无法及时地把学到的知识转化为实际的应用能力。自然而然，大部分学生就逐渐把英语看作是系统知识，而不是交流技能。所以，绝大部分学生能够记忆大量单词、语法，考试分数可以很高，却始终无法开口说英语，而且从心理上也非常排斥交际活动。

很多学生学习英语时，每天都在单词、语法、短文等方面耗费大量的时间和精力，可是学得的语言似乎在实践中不起作用。很多学生见到外国人不敢张口说话，要不就是言不由衷、语无伦次、错误百出。很多学生也能体会到平日所学的语言不像现实生活那样鲜活和生动，似乎离实际交流很遥远。即使一些学生能够做到语法烂熟于心，单词、句型倒背如流，可是在用英语交际时，还有可能出现不会运用的现象，甚至出现了交际错误。纽马克（New mark）就这个问题做了表述，他说虽然语言者在向其他人借火点烟时表述不出"你有火吗？"，但是他可能会用自己所熟悉的语言结构进行表述，比如会说，"Do you have fire?"或"Do you have illumination?"或"Are you a match's owner?"而可能表达不出像"Do you have a light?"或"Got a match?"这样地道的表达方式。

其实英语能力的强弱，关键不在于英语知识学习了多少、多久，而在于学生在实践中学会运用多少知识，以及所学的知识有多少变为实践的基本技能。一个人的人际交往能力、社会交际能力集中体现在口语表达能力上，训练培养学生的口语能力的目的之一就是希望学生可以学会在不同的社会语境中进行有效交际。

比如说，邀请公司的总经理吃饭，就不能说"Hey, d'you fancy a bit to eat this evening?"，因为同上司这样讲话显然不得体，而"I was wondering if you'd like to come to dinner this evening."就显得比较恰当。再如，有人可能会把"我妻

子生了个男孩"说成"My wife gave birth to a baby boy"。从语法角度讲，没有错误，可它不是得体的口语，而"My wife had a boy"才是标准地道的表达方式。

因此，英语口语教学必须进行适度的改革，要从学生的实际语言能力出发，以学生为中心，把英语看作交际工具进行系统的学习和训练，而不是仅仅定位在传授语言知识上，或是把英语当作一门学科理论知识来灌输，更应该强调英语的使用而不是用法。也就是说，在教学活动中和教学环节上，英语教师一定要贯穿让学生学会使用"工具"这一思想。

英语作为交流工具，对使用者来说，其交际性更具有重要的意义。因此，无论是教师还是学生都要清楚培养口语能力的重要性。同时，口语教学无疑要承担把英语语言能力转化为交际能力的重要使命。

三、影响口语能力的因素

口语能力不仅体现在学习者的词汇、句式、短语的量上边，还体现在学习者的语法、俗语、惯用语、固定搭配方面，甚至还需要学习者根据不同的语境变换语音、语调、词汇等，将语言通过自己重组后表达出来。因而我们说"说"不仅是学习者使用语言的过程，还是语言者按照一定的情景进行重组、运用来表达想法的一种能力。因此，我们将从词汇、语法、文化、交际策略和语音这五个方面讨论影响口语能力的因素。

（一）词汇

很多学生深感词汇学习困难重重，但又不得不面对和解决这个问题。英国著名的语言学家威尔金斯（D.A.Wilkins）曾说过"没有语法人们不能表达很多东西，而没有词汇，人们则无法表达任何东西"。可见，口语表达能力的提高需要一定词汇量的支持。词汇量是解决说得好不好、说得是否地道的关键。

从学生口语能力的现状看，词汇问题主要体现在以下两个方面：

第一，有些学生缺乏足够的英语词汇，在交流时不能找到合适的词汇表达自己的思想，只能放弃许多有见解、有深度的想法，转而表达他们认为可以说出来的内容。相对而言，英语词汇量较大的学生能用简单的英语，比较流利地表达一些简单的思想；而词汇量不丰富的学生，就不能较流利地表达想法。

第二，有些学生的问题不是词汇量不够，而是不知道该如何使用他们已掌握的词汇。

根据语言学家调查，日常交际中一般常用的词汇在2000个左右。在我国的

《大学英语课程标准》中，学生需要掌握45000个词汇才能达到"一般标准"，相当于大学英语四级水平，绝大部分学生都能达到这一标准。很多学生在日常学习中都是词汇书不离左右，可是仍然无法进行日常口语交流。在实际生活应用中，很多同学都发现学得的语言苍白无力，没有自然环境中的鲜明和生动。研究结果发现，学生以往所积累的那些词汇要么远离我们的生活（即很少出现在真实的语言环境中），要么就是远离了基本词汇。因此，就提高英语口语能力而言，在学习词汇方面，学生既要掌握单词的发音，又要切实掌握单词的用法、固定搭配、词汇适用的场合等等，否则就无法达到口语交际的预期效果。要想掌握英语口语词汇，就要清楚口语词汇有什么特点。

口语词汇的特点如下：

第一，英语口语的常用词汇较少，而且词汇的变化比书面语少，重复比书面语多。

第二，口语中常用浅显和简短的词。

第三，口语中常用概括性较高的词。

第四，口语中有许多惯用语，而且英语口语地道与否和惯用语的使用有很大的关系。这些惯用语的意思和构成它们的单词的含义差别很大。

第五，口语中常有很多套用语。

第六，英语口语中常使用一些"填补词"。

为了提高学生口语能力，教师要科学合理地进行词汇教学，它是口语表达能力强弱的关键。在词汇教学过程中，首先，教师要帮助同学们分清口语体词汇和书面体词汇。口语体中的常用词汇，多是拼写简单、发音流畅的小词，但在表达中却是非常活跃生动，简明扼要，内涵丰富。比如"go，make，do"等。有些书把这类词叫作"万能词"，因为只要把它们套用在各种句型中，就可以轻松自如地进行口语交流了。教师还可以进一步帮助他们明确哪些是口语中的常用词和急用词，可以按照词汇的使用频率或使用范围进行分类。因此，教师在教学中要尽量用小词、短语来教学、解释英语或课文含义等，在这种教学过程中，学生运用英语交际的能力也会潜移默化地提高。

其次，教师对于词义要有侧重。词语有以下意义：词汇意义（词语所要表达的内容）、结构意义（展示语言的美与表达）和社会文化意义（当地文化特点、时代背景意义）。这些意义中社会文化意义是最难理解和掌握的。从交际的角度看，词汇的社会文化意义与口语能力的关系也极为密切。因为它牵涉社会经验、思想态度和价值观念等问题。错误地使用词汇不但不能达到交际的目的，而且会适得其反。当一个人听到某个词时，会想到它的意思，并与客观事物联系起来，或许还会在头脑中形成意象。但是同一个词在不同文化背景的人的头脑中反映出的意象或联想可能会不一样。

比如，"New Year's Eve"（除夕）会让我们想起合家团聚、其乐融融的情景，美国人却毫无概念。"pie"这个词，会让我们想起馅饼，而美国人想到的会是饭后甜点。

总而言之，一个词语不仅有表意还有深层次意义，表意指的是词语本身表面上的含义，具有直接性、表面性、浅显性，就是通常所说字面意思。深层次意义指的是一个词内在的，涉及情感、背景、时代的深层联想含义。教师在口语课堂上需要细致、有效地处理词汇的这些问题。

最后，在口语课堂中，教师要侧重词汇的交际性、实用性。语言的最终目的就是人际沟通交流，学习语言也是为了沟通顺畅，准确传达思想，在实际生活中使用。故而，老师在口语教学中应该充分考虑这一点，增强英语口语的实用性、交际性，满足学习者的学习需求。因此，教师在口语的词汇教学中要始终贯彻这一原则，即要让学生在实际的语言环境中运用与交流，增强语言使用能力，使语言变成学习者的能力。

（二）语法

无论是口语能力还是交际能力的提高，都离不开对语法规则的学习和掌握。这是因为语法能力可以帮助人们理解和创造口头或书面话语。我国大多数英语学习者没有在自然环境中习得英语的条件，语法恰好提供了判断正误的规则或标准，也弥补了语言环境的缺失。学习语法对英语口语的准确性具有指导意义，它是获得准确、流利的英语交际交流能力的基础。

我们知道语法对于语言学习者来说至关重要，语法是对语言的提炼总结，是对语言使用过程中的不断变化的语言进行的规则探索，方便初学者尽快运用语言的一种语言概括、语言规则。虽说语法是一切语言实践的理论依据和准则，却并不能包括全部的语言现象。语法规则虽然是从语言现象中概括出来的，但是在语言实践中，不等于可以用语法规则来规定语言。英语口语的一个明显特征是我们是在真实语境下说出口语的，没有太多的计划时间，因此口语语法往往没有书面语的语法复杂，或者说两者的复杂程度是不同的。

基于培养学生英语口语能力，教师在语法教学中应注意以下几点：

第一，教师对语法教学要有正确的认识。英语是人们在现实语境中使用的语言,而不是抽象的系统。因此,语法教学不能单纯地向学生灌输语法知识,不能脱离实际的语言环境,也不能忽视语言的交际价值。而在传统教学中,掌握语法知识常常被看成最终的学习目的。由于脱离了语言运用的实际环境,结果学生记了不少语法规则,却不知道如何使用。比如说,教师可能会给同学们举类似的句子"He is running towards me. He is walking to the shop?"为例,可是在现实中,适合这样句子的语境却很少见。

第二,要注意英语中特殊的句式和结构的含义,避免用汉语的语法来理解和产出英语语法。例如很多同学错误地理解部分否定表达形式,把"All women here are not workers"理解为"这里所有的妇女都不是工人"而不是"这里的妇女不全是工人"。

第三,教师要帮助同学们理清口语和书面语、正式语体和非正式语体的语法差别。通过语法训练培养学生英语口语能力,有助于学生体会语言在真实环境中的使用情况,了解语言使用的适合性,从而培养他们对语言的敏感性,提高实际运用语言的能力。

第四,教师在口语教学中不能过分强调语法的重要性。这样做容易导致学生因为害怕犯语法错误而不敢说英语,同时会使学生误认为,只有掌握了语法,才可以进行有效的交际。事实上,从口语交流的重心看,是从有效性、流畅性、恰当性、语法的正确性逐渐递减的。

第五,教师应帮助学生转变学习语法的角度。学生不能只是满足于掌握一些语法术语、规则和基本概念,而要具备运用语法基本规律指导语言实践的能力。有学者把语法能力和英语交际能力的关系比喻成"知"和"做"的关系。学生只有通过大量的实践,才能提高对语言的分析、理解能力和运用水平,进而提高口语表达能力。

有些同学可能时常遇见这样的情况,话刚出口,就意识到所犯的错误。例如,在口语中"she,he"混淆,名词复数不带"s"等。产生这类错误的原因不是没有理解有关的规则,而是缺少足够的口语练习。总之,从培养学生口语能力的角度看,教师在语法教学上要掌握适度的原则。比如说,对于不是很实用和不很重要的语法点,不要占用太多的时间;在讲解语法时,多给学生练习机会;不要过多地关注在语言学习过程中必然出现的语法错误等。

(三)文化

除了词汇和语法,教师在教学中还需要注意文化的作用,语言是文化的一种符号，体现着文化的内涵，促进文化的传播。当然，语言也受到文化的制约，因此，不同的语言体现着不同的文化内涵。要想在英语口语教学中使口语能力得到大幅提升，必须在了解当地文化的前提下，通过对语言国家的文化、历史、风俗等的了解，更好地体会文化对语言的影响，加深对语言的理解，进而在实际运用过程中做到口语的实用、灵活、得体。

语言是一种文化符号，学好语言的前提就是了解尊重当地的文化，只有这样才能真正地学好语言。从社会语言学的角度看，语言是文化的载体，文化是语言的内容。口语是语言的一种表现形式，因此口语的教学，口语能力的培养都离不开文化的学习。文化学习对英语口语能力的培养有着重要的意义，具体如下：

第一，学生不懂所学语言的文化背景就不可能获得交际能力，也说不出完美地道的句子。比如，英美人在表达希望某人做某事时不习惯命令的语气，很少用"You should..." "You must..."，比较喜欢说"Would you please..." "I hope you could..."。

第二，学生不注意文化学习，容易产生误解，阻碍交际的正常进行。比方说，在一种文化中认为是得体的语言或表达方式，在另一种文化中可能就是不得体的。一些中国式的礼貌用语往往就不适合英语语用规则。例如，如果中国学生请美国教师修改他们写的申请信，常会说："I'm sorry to interrupt you./I wonder if you are free or not. You see I've never written a letter in English before, so I've probably made lots of mistakes."美国老师不能理解，需要学生进行解释说明，"So what?"或"Then do you want me to do something for you?"再如，有些学生给外教打电话，在最后会说"I'm really sorry to have wasted your time."这种表示歉意的话，会让美国人感到不舒服。

在很多情况下，产生交际障碍大都是由于文化意识不强所致，而不是词汇和语法掌握得不够。实践证明，学习语言就要理解和认识这种语言的文化，培养文化意识。同时，文化意识又对语言学习和扩大语言文化知识面起着无可替代的作用。

因此，教师在英语口语教学中要注意文化的渗透。首先，教师要根据教学内容，强化跨文化意识。在中国，绝大多数人在日常的工作和生活中并不使用英语，没有语言使用的需要。故而，需要使用英语的情况，基本上出于跨文化交流的情景。举一个最普遍、最常见的例子，中国人习惯于遇到熟人时问"上哪儿去？""吃饭了吗？"表示对对方的关心。但是英美人听了"Where are you going?"或"Have you eaten yet?"就会惊讶，不理解。其次，在口语课堂中，教师要注意一些与文化有关的词汇或背景知识的教学。英语口语中常涉及成语、典故、谚语等，它们与文化传统有着密切的关系，而且由于文化差异它们在运用方面有所不同。比如，英语的谚语能够折射出基督教对它的影响；许多英语典故涉及的人物和事件来自文学作品等。因此，英语口语教学也要关注希腊和罗马神话、《圣经》、文学名著、民俗风情等。最后，为提高教学效果，教师在口语教学中涉及文化因素时，可以采用不同的教学方法。直接阐述法是非常实用的方法，可以帮助学生避免说出违反英语语用习惯的句子。例如，在面对别人的"赞扬"时，中国人习惯于否定的回答，表示谦虚的美德；英美人则是接受别人的赞美，把它当成是对自己的肯定。如：

A:I think your speech was excellent.

B:Yes,I think I did well.I'm glad you enjoyed it.

因此，在这种情况下，面对否定的回答，英美人会因为做出了错误的判断而感到很尴尬。如果学生们在口语实践中出现文化错误，教师也可采用错误分析法。例如，同学们到一位美国朋友家去庆祝圣诞节。当他们被问："Are you hungry?"时，可能会异口同声地说："No."表示食物可以过一段时间准备好。当主人注意到他们盘中的食物都吃完时，会关切地问："Would you like to have more food?"出于礼貌，学生们会说："No, thank you."。实际上，他们在等待着主人再三的询问，再去接受食物。教师就要为同学们分析在这种状况下英美人士通常的做法。当问："Are you hungry?"时，美国人习惯回答："Yes."有时还会加上一句"I'm starving."，表示等待着品尝主人烹饪的美味。若被问及是否还要添饭加菜时，他们会按实际需要回答。而且当主人听到后一种回答时，一般不会再劝请，因为他们不愿强人所难。因此，在英语口语教学中，教师一定要侧重培养学生具有和不同文化背景的人进行交际的能力。在口语教学中学习和了解文化，既可以练习口语，又可以增强学生对文化差异的意识，可谓一举两得。

（四）交际策略

交际者使用目的语进行交际时，常会由于缺乏某一特定的语言表达方式而需要利用其他交际手段来保持交际渠道的畅通。这种语言表达之外的补偿手段就是一种交际策略。如前文所述，交际策略也是运用口语进行交际时的组成部分。

策略能力指的是当语言者在运用语言的过程中，面对自己知识或技能上的不足会使用到的语言能力，当语言者不知道用什么词来表达想法的时候可以使用肢体语言、面对面实物演示等来表达自己的内在想法。针对这种能力，学者进行了系统的研究，他们觉得学生可以利用交际策略解决因水平有限无法表达清楚的困境。交际策略的补偿功能主要体现在以下几个方面：

1. 近似表达

当语言者遇到自己所不能表达出来的情景时，可以使用近似词语进行表述，同样可以达到表达想法的目的。比如小朋友在玩用弹弓打石子的游戏，别人问"What are you doing?""I'm playing."小朋友用"playing"来代替他不会说的"shooting"。

2. 迂回表达

当语言者不知道如何表达或者突然忘记如何表达时可以就自己所要表达的事情进行迂回表达，通过解释说明来达到让他人知晓的目的，表达自己的思想。比如，记不起如何表达"trumpet"（喇叭），但可以说"something you can blow with"或者"a musical wind instrument"；把"轮椅"（wheelchair）说成"a chair with wheels"等。

3. 利用动作表达

说话者在记不起或不知道某个词汇或结构该如何准确表述时，可以利用肢体语言和语言相结合的方法进行表述，比如剪刀（scissors）就可以用手的食指与中指当作剪刀剪东西来展现。

4. 寻求帮助

当学习者忘记如何表述或者不会表述的时候，可以通过寻求他人帮助的形式来借他人之口说出自己想法，比如询问他人"What's this?""What is it called?"。

5. 转换语言

利用两种语言进行过渡，表达自己想法。如美国人在中国餐馆吃饭，面对"bean curd"不知道是什么意思，但是直接说"豆腐"就会明白。这是因为在美国餐厅，豆腐直接是"豆腐"的音义而不是"bean curd"。

在交际中遇到困难时，恰当使用这些策略，可以促进交流继续下去，达到交际的目的。总之，交际策略是交际能力的组成部分。它有助于口语能力的提高，因此教授交际策略是十分有必要的。

（五）语音

英语语音教学部分涉及的内容非常多，很多英语教学理论或指导类书籍通常会把这部分内容单独列一章进行讲解。在这里我们选择与口语能力培养关系较密切的内容进行介绍。

第三章　学生英语口语能力的培养

1. 语音教学的重要性

声音是交流思想和传递信息的工具，没有声音，就谈不上语言。因此，语音是学习语言的必要前提，也是学好语言的基础。语音是教学的第一关。传统教学中，很多学生没有重视语言的口语，造成"一开始不重视，后来不敢说"的现象，使得教学中的英语变成了哑巴英语。另外，一个人口语的语音不好，一开口就会暴露无遗，不仅自己讲的话别人听不懂，别人讲的话自己往往也听不懂，根本谈不上用英语交流，甚至会严重影响交际的进行。因此，英语语音教学应是整个英语教学的起点。但在实际教学中，语音教学并没有得到足够的重视，很多学生也意识不到学习和掌握语音的重要性。这直接影响了口语交际能力的培养，更制约着英语教育教学中的质量和效率。

语音是口语教学中的一个重要环节，在英语口语学习中占有重要地位。首先，只有学好语音，才能为下一步更好地学习掌握词汇和语法知识奠定基础。其次，语音是口语的基础，将直接影响学习者口语能力的提高。最后，语音是语言的外在表现，是衡量英语水平的关键因素之一。语音的正确与优美可以带给倾听者良好的听觉享受，也可以使其更准确理解语言含义，还能增加语言使用者的自信，而且标准流畅的发音会使英语交流不再像机械的应答，而是富有感情的沟通。语音教学的目的不仅是让学生掌握语音知识，更是要对学生进行语音训练，使学生能够说出相似或同样的英语，做到发音清晰，抑扬顿挫。

2. 语音教学的基本内容

语音的正确、优美在语言使用和交流中有着至关重要的作用。语言的正确关乎交流沟通的准确性和表意是否清晰。根据研究理论，语音一般包括以下四个方面内容：一是语言的声音，即音素，就是语言的最小单位，强调音调的重要性，英语中包含元音和辅音；二是重音和节奏，也叫超分割特征，指的是英语词语中重音的位置和节奏；三是声音质量，即语言者声音在发音阶段的整体特征；四是口语交流中的肢体语言，包括面部表情、手势以及眼神交流。考虑到语音在声音方面对口语的重要影响，本节只对音素、重音、语调、停顿、节奏作简单说明。

任何一种语言都有无数的语音，而音素的数目却是有限的。任何一个单词都是由不同音素组合而成的。音素是英语语音的最小单位。音素是具有区别性的语音，能区别词汇意义，也能把同一个词的不同语法形式区别开来。音素分为两类：元音和辅音（元音20个，辅音28个）。比如 /wi:/ 是由 /w/ 和 /i:/ 两个音素构成，其中 /w/ 就是辅音，而 /i:/ 就是元音。在语音教学中要注意发音的一些复杂情况：（1）一个字母可能有多种发音，如字母 i 的读法有 :license/ai/，which/i/ 等。

（2）同一个元音会有几种不同的拼法，如有些词都带 /ei/ 音，拼法却不一样：eraser，today，gain，they 等。（3）两三个字母结合在一起只发一个音，如 oo 读 /u/ 或 /uː/，too/tuː/，school/skuːl/，soot/sut/ 等。（4）一个字母表示两个相连的音，如 x 念 /ks/ 或 /gz/，excuse/ikˈskjuːs/ 等。（5）有些字母在特定的单词里也可以不发音，如 know 的 k，doubt 的 b，psychology 的 p 等。

英语的重音是英语语音结构的重要组成部分。它具备在相同音位构成的词语中，区别词义或词性的功能，并具有影响话语的语调和节奏的作用。就单词而言，重音的位置不同，就会引起词性的变化，如 "ˈrecord—n."（唱片），"reˈcord—v."（记录）。这类的词还有很多。英语单词中也有很多复合词，在说话中重音位置不一样，含义也发生变化。如 "Poverty seems to be related to family size."（familyˈsize）与 "When buying washing powder I always choose the family size."（ˈfamily size）第一句的 "familyˈsize" 指的是家庭的规模，而第二句的 "ˈfamily size" 说的是适合家庭使用的规格。除了正常在句中使用重音，有时为了满足对比或 "言外之意"，还可以使用逻辑重音。（逻辑重音指说话人因语义表达的需要，把语句中某一个词说得特别用力，使该词在全句中特别突出。）

很多人认为只要听懂了每个单词，就算听明白了，但这远远不够。正确发音仅仅是语音学习的第一步，想要得体地进行交际还必须掌握发音的其他特征，如语调，在语言表达中不仅能传达语言者的情感态度，也能体现语言的韵律美，是语言的灵魂所在，同时在表情达意上有重要的意义。在一个特定言语社团中，人们说话时声调高低的变化往往会形成一定的模式。英语有两种基本的语调，升调和降调。一般情况下，声调的上升和下降相对平缓，如果突然急剧地上升或下降就表明说话人表达了某种情绪或态度，如生气、着急、烦躁不安、怀疑、肯定、感叹等。人们在说话的时候，伴随着语调的变化，所以同一个词、同一句话可能表达不同的信息、情感和态度。因此，相较于句子或单词，听者往往对说话者所使用的语调要更为敏感。语调不正确常会使人处于尴尬的境地，甚至造成误解。例如，"sorry" 在不同的语调中就会表达不同的含义。一个中性的语调只是表明正常的道歉，但是语调中若有明显的上扬或下降，含义就不同了。例如：

A：Would you please turn down the radio a little bit?

B：Sorry. ↘（No，I donʼt want to.）。

B：Sorry? ↗（What did you say?）

停顿也是英语语音教学的重点。停顿在语流中有间隔地出现，目的是便于人们进行呼吸，更好地交流思想。英语是按语调群表达含义的。一个语调群中间基本上没有停顿。如果停顿在不恰当的地方就会造成破句，令人无法理解，或是引起误解，无法达到交际的目的。停顿与语法结构有密切联系。例如："Four plus two times three."这句话读音停顿的不同，就可以得到不同的答案，即 $4+（2\times3）=10$ 或 $(4+2)\times3=18$。其原因就是停顿的地方不一样。

最后要介绍的内容是节奏。节奏包含语言语句中的快慢、长短、轻重，强调韵律感。为了使语言的节奏感、韵律感更强，在语言者口语表述的时候碰到轻音少的句子，可以读得慢一些，而轻音较多的句子需要读得快一些。

3. 语音教学中的注意事项

在语音教学中，教师首先要向学生说明学习和掌握语音的重要性及教学意义，它有利于鼓励学生努力改变其发音。其次教师要采取切实可行的办法，对学生进行有的放矢的训练。在语音教学中，要注意以下几个方面：

第一，教师可以采用分析、对比的方法讲解语音知识。通过分析，学生可以明确发音时口形和舌在口腔中的正确位置；通过对比，可以具体地区别平舌音与卷舌音、相似音、长元音与短元音、清浊辅音音组等。有些学生发音不是很准确，主要就是口形和舌在口腔中不到位。语音知识的讲解可以指导学生进行正确的实践。

第二，教师要强调在语音练习时反复或重复练习对形成新的语音习惯的重要性。英语和汉语的发音肌肉系统不同，其中舌头的位置变化不一致，中国人的发音器官和嘴里的肌肉运动都不习惯英语的发音。如果不通过朗读、模仿等强化训练嘴部肌肉运动，很可能出现这样的情况：心里明白某个词，甚至能拼写，但就是说不出来。但是这种在相对时间内持久的练习，具有机械性和枯燥性的特点，学生很容易在中途就放弃练习。因此，教师要增加练习的趣味性，并鼓励学生坚持语音练习，直至形成良好的语音习惯。

第三，教师在教学中要不同地区的语音特点有针对性地进行语音教学。我国幅员辽阔，有很多地方口音，而且地方口音在发音上也各有特色，比如四川话、上海话、广东话等。讲英语带有乡音，很容易造成发音不准的情况。因此，在练习时要注意发音规则、技巧，及时正音。

第四，教师要帮助学生进行连续和系统的语音学习。练习单个音素是练好连贯言语的语音基础；连读、句子重音和节奏的语音练习，可以达到朗读流利而有节奏感；语调练习可以达到用正确的语调表达不同的思想感情。另外，教师应该充分意识到汉语语调对学生掌握英语语调的影响，提示学生，随时都要注意使用正确的语音。千万不要只在专门练习时才注意正确的发音，平时却不加理睬，这样很难从根本上提高口语水平。总之,语音是技巧性的,需要经常练习,只有通过不断地模仿、重复练习才可以说出一口标准、地道的英语。

第二节 英语口语教学的原则与方法

一、英语口语教学的原则

教师在教育教学中需要遵循一定的原则和方法,不仅可以使教师在教学中有标准地指导教学工作,而且还能促进教师不断提高教学质量,高效地进行教育教学。本书将简要介绍以下六个原则:

(一)习得原则

美国著名的语言学家克拉申早在 20 世纪 70 年代就提出了当今世界上最有影响力之一的"语言习得"理论,将语言学习分为习得和学习。

如本书第二章第三节"二语习得"理论所述,学习者只有在相应的语言环境中,在与相关的语言群体进行交流沟通的基础上才能习得语言,并逐渐掌握和运用该语言。习得的语言可以用来与他人进行交流。语言习得不用经过正式的课堂学习,而语言学习一般都需要在正式的场合(如学校课堂)里进行。

而学习则是有意识的过程,指的是学习者有意识通过调动身体和大脑去加深对该语言的理解与研究,通过对语言的规则运用进行语言的监控,以达到可以运用的目的的过程。学得的语言运用能力比习得的语言较差,但是理论能力强,对语言的规则比实际使用更突出。在实际的教育教学中,老师会对语言进行讲授,并对讲授内容进行针对性的联系,以增强记忆。

克拉申认为人们在学习和应用第二语言时有两个全然不同的过程:一是学习者通过潜意识去理解和模仿第二语言的语法规则,学习掌握第二语言的词语语义,逐步提高自己的语言能力,这个过程就是语言学理论中所指的语言习得过程;二是学习者有意识地去学习理解第二语言中一些对自己较为陌生的语言现象,形成某种定式或概念,这个过程是语言学理论中所指的语言学习过程。

因此,我们应该从儿童学习母语中吸取经验。儿童学习母语是在潜意识中,在与周围人的不断交流、不断使用中得到强化和练习的,在这个过程中他们的语言能力得到提升。因此,学习者在学习第二语言的时候,教师应该多多创设情境,不断加强学习者在情境中与老师的交流，增强实际运用能力，尽可能只使用所要学得的语言，在不断练习与实操中强化第二语言的运用能力，使之真正地内化为自己的语言。

在语言学习中，一部分学生选择了错误的方法进行了语言研究，不断学习语法、语音等，这使得他们付出了很多努力，收效却很差。这是因为这部分学生忽视了语言情境对于语言的影响，只专注于理论的学习，忽视了实际的运用，没有在实践中学习语言。这也给英语教育教学带来了启示，作为老师不能只关注学生的英语理论教学，而应多多创设情境让学生在潜移默化中学习语言，达到习得的效果，理论与实践相结合，促进语言转化为自己的能力。

因此，英语教师可以在教育教学中，积极创设语言情境，以学习材料为中心，不断进行生生互动、师师互动、师生互动。只有通过实践，不断锻炼口语能力，才能真正地运用到沟通交流中。

（二）输入原则

克拉申的语言习得理论的一个重要观点是，学习者在面对新的学习内容的时候会有很大的兴趣和积极性，通过建立与已有知识的联系，在现有条件下理解新内容，在理解的基础上吸收、输入新内容，这种情况下，学习者的语言能力不断提高。

因此，克拉申的输入理论认为输入是语言学习的根本途径，是语言习得的关键和必要条件。"可理解性输入"强调学习材料不能超过学生现有的认知水平，不能理解就不能融会贯通，可理解的学习材料既可以调动起学生的积极性，也能够保证学生在现有水平上完成内化和吸收。经过这个过程，学生将学习材料转化为自己的知识和能力。鉴于此，老师在实际教学中应该选择合适的教学材料，保证学生能够"可理解性输入"，当然这个材料也必须是生动有趣的、有关教学内容的，不能是枯燥乏味的、无关紧要的，而且师生间的水平差可以使学生思考进步，不断提升自己的能力和水平。克拉申还提出了"可理解性输入"的几个情境，即外国人的谈话、教师在课堂上的谈话、学生之间的谈话。

在具体的口语教学中，教师要提供给学生最佳的输入，可以从以下几个方面入手：

1. 设计特定的话题或情景

例如，如何到商店买东西、在饭店里点菜、暑假里都做些什么等。教师应该确保学生了解活动的内容及活动的重点，否则学生无法参与活动；保证活动的内容是可理解的输入,而不是教学生某个语言结构,否则就不能真正地进行语言交际,就会妨碍语言的习得。

2. 提供便于理解的手段

英语教师应给学生提供附加的语言支持。比如,视听材料可以使学生全方位、多角度地了解语言,学生感兴趣的话题可以增加学习兴趣和调动学生的积极性,不同的语境和不同的语言支持便于学生更好地理解语言的含义和魅力。

3. 适当调节活动内容的语言难度

如果在口语活动中,遇到的新词、新的表达结构过多,学生会把大量的精力和时间放在翻译和理解上,无暇顾及话题讨论,不利于口语的习得。口语课的语言材料不应给学生造成理解上的困难,新出现的语言现象也不能太多。老师不能照本宣科,要在课前精心准备话题,引导学生在模拟典型的生活情境中练习。课堂上要给学生提供足够的机会,在真实的环境中不断练习使用语言,只有在不断使用中,在真实场景的实践中,才能达到真正的运用。在实践情境对话中,不仅可以输出语言,还能输入语言,实现双赢。

(三)语境原则

语言在一定的语言环境中才能真正地发挥作用。我们使用语言是为了进行沟通交流,为了把想法传递出去。语言环境对于学习者而言至关重要,在环境中学习语言,可以使学习者在潜移默化中学得语言,激活语言机制。因此在教育教学中就需要老师尽可能地为学生创设语言环境、营造真实的语言场景,这可以使学生在语言环境中,实时进行语言交流,增加了口语交际机会,而且培养了人际交往能力,使学生可以全方位、立体化地学习语言,真实地体验语言魅力,为学生学习语言创造良好的机会。

泰勒(Taylor)在关于语境的研究中指出五点要注意的地方:一是学生能够理解句子含义,不能理解就不能输入;二是语言是交往的桥梁,语言的目的是信息的交流,在于信息的互补;三是选择适当的方式和内容;四是带着目标进行交流;五是综合考虑多种因素作用,根据情况适时调整。

为了提高我国英语口语教学水平,需要老师在教育教学中,不断改进教学方法,创设教育情境,不断使学生参与实际教学场景,只有在实际运用中,才能感知英语的魅力,增强学生的学习动力,不断提高学生的积极性,而且在实际的交流互动中才能取长补短,不断改进学生的学习,提高语言能力。

当然教师不仅仅需要为学生提供语言情境,还需要在旁边进行指导,在学生遇到问题的时候及时给予帮助和解决，鼓励学生积极参与情境中，充分调动学生的积极性、主动性。在这个过程中，教师也能及时发现问题，为之后的教育教学提供参考，提高教学质量。

模拟环境是一个重要的教学方法，对于英语口语教学来说意义重大。模拟情境选取的话题应该是学生感兴趣的、熟悉的，最好与身边事物息息相关，这样的话题学生喜欢参与，也能调动学生积极性，使学生通过理论与实践相结合将语言转化为自己的能力，使课堂更加鲜活、语言更加灵活。口语构建具体的、有特色的、与学生生活学习息息相关的语境。具体如下：

1. 以综合语言技能培养为目标的口语语境

语境的创设要兼顾英语语言学习的听说读写，进行综合考虑、学习，使学生的综合运用能力得到进一步提升。

2. 任务型小组合作学习的口语语境

小组合作学习有利于学生主体性的发挥，创设任务情境不仅可以使每个学生拥有锻炼的机会，而且可以培养合作精神，增强凝聚力和向心力。

3. 自由学习的口语语境

创设自由、轻松的语言环境，有利于学生开口说，只有敢于开口才能真正运用。

4. 网络辅助下文化学习的口语语境

互联网的快速发展为英语口语教学带来了新的思路，可以利用互联网的优势进行英语口语教学。

此外，也要积极创设在课堂之外的语言环境，这不仅能增加学生锻炼的机会，而且能丰富学生生活，有利于口语能力的提升，还能促进人际交往能力。

（四）纠错原则

学生学习语言难免会出现很多错误，因此老师会很关注这个问题，希望通过改正错误帮助学生提高语言能力，提高语言的正确性。根据行为主动"刺激—反应"反应理论，我们可以明确只有给予正确的反馈才能形成反射。因而学生必须不怕错，克服错误的办法就是"犯错"，不经历错误的尝试就不能取得成功。

与行为主义观点不同的是功能派心理学。他们认为，学生的一些错误不必纠正，这个是正常现象，在不断学习和加深的过程中学生可以自己纠正，只要不影响理解就可以忽略不计。

克拉申也表达了他对于纠错的看法，指出外语教学要为学生创设焦虑感尽量低的环境，既不要强迫学生开口说话，也不要老是纠错。

还有学者认为纠正错误要适度。过多的纠错，会影响学习者交际的信心；过多表扬、不纠正错误，会使错误固化。教师的工作就是要在这两者之间找到合适的平衡点。教师只有认识错误，才能正确处理好纠错问题。

根据布朗的观点，语言失误和语言偏误是语言学习过程中两种不同的现象。语言失误指一种运用错误，或是随意的猜测或是口误，是对已知系统的错误表现。它与语言能力没有关系，每个人都可能在说母语或目的语时失误。当给予足够的重视或被质疑时，可以自行改正。语言偏误不同，它与语言能力直接有关，是由于缺乏目标语的知识导致的。不论多么关注，语言偏误都无法被自行改正。失误与语言运用相关，这个是考德的解释，它是非系统性的；而偏误是系统性的，这个是乔姆斯基所说的语言能力。在母语运用中也会出现失误，比如遗忘、记混等现象。这对于研究语言是无意义的。而偏误与失误不同，偏误可以反映学习者的学习过程，为学习者学习语言提供参考，因此对于一些失误可以忽视，可以激发学习者积极性，保护学习者的学习热情，树立敢于尝试、敢于冒险的精神。

纠错要讲究方式方法。从教师的角度讲，有直接纠正和间接纠正两种方法。

直接纠正在教育教学中使用频率最高，老师发现问题就给予纠正，给出正确的方法，这种纠正方法不利于学生思考，不利于学生养成独立思考的习惯和专注力的培养。这种纠正方式适合机械教学。间接纠正指的是在教育教学中，学生出现失误教师不直接指出，而是若无其事继续发问，在以后的教学过程中逐步地修正。

纠错还可以从另外一个角度划分。错误可以由老师来纠正，也可以由学生纠正。

当然，在实际的教学中，还要具体问题具体分析。

首先，教师要分析错误的性质，共性的错误可以在课上集中纠正。比如老师对于学生学习中出现错误的共同点通过不同形式进行正确的表述，学生就会知道自己的错误进而把错误纠正过来。个别的错误问题，教师可根据学生的心理接受能力，在课上指出或课下商讨，避免伤及学生的自尊心。

自我纠正也是一个非常值得借鉴的方法，老师可以引导学生发现自己的错误后改正，这样的纠错方法不仅有利于学生在纠错时提高学习能力，意识到自己的错误，而且有利于老师给予学生成长进步的机会，可以更好地关注语言的结构，促进语言的运用能力提升。自己发现的比他人指出更加深刻，当然教师也可以让其他同学探讨这种错误，找出错误，进行集体纠正。

纠错是个比较复杂的过程，涉及学生群体，故而在实际教学活动中，教师应注意以下几点：

第一，不要过多纠正错误。学生本来就是处于一个敏感的学习阶段，在英语口语表达中更敏感，担心自己发音不正确，会成为反面例子，如果教师在这样的情况下一而再，再而三地纠错，不仅起不到好的教育效果，还很有可能适得其反，使学生不敢开口，不敢表达。就算开口表达也会顾虑很多，对口语渐渐失去信心，不愿意参与课堂活动，逐渐边缘化。因此，为了避免这种情况的发生，老师对于学生口语表述中的一些问题口语可以适当忽略，采取宽容的态度，对于学生的错误也可以采用温和的纠正方法，避免打击学生的积极性。

第二，当学生出现错误时，老师的态度很重要，老师作为教书育人的角色不能挖苦讽刺学生，打击学生的自信心，要耐心鼓励引导学生，给予学生最大的帮助，避免损伤学生的积极性和自尊心，适当的赞扬和鼓励会使学生尽最大的努力。美国著名心理学家威廉·詹姆士认为，被肯定是人类内心深处的渴望，在学生内心深处都隐藏着一颗进取心。任何学生都渴望进步，渴望受到尊重。如果教师能让学生从积极的角度体验到自身点滴的进步、享受到成功的快乐，那么这种胜利成功带给他们的感觉便会成为今后努力的动力与激情，使学生不断克服困难，不断增强能力，增强学习成功的自信。

第三，纠错也讲究时机与情境。老师及时地纠正错误有利于加深理解，结合当时的情境也更容易理解，要是脱离了环境不但起不到好的效果，也不能加深理解，因此纠错时机很重要，可以促进学生知识的内化。

（五）流利与准确原则

要正确对待英语的准确性和流利性问题。

在当前的教育教学中，老师认为英语的准确性指的是英语语言结构的准确无误、语法正确、用词用句准确，流利性指的是交流顺畅、表达流利。因此，可以说准确既是知识指标，又是能力指标，而流利则只是能力指标。

就流利与准确而言，谁重谁轻，谁先谁后，一直争论不休，观点各异。在我国，比较有影响的一种看法是吴景荣1962年在《外语怎样才能过关》一文中提道："准确在先，流畅在后。应该在准确的基础上求流畅，而不能牺牲准确求流畅。"有学者从以下四个方面，支持这个观点。

1.我国学生的汉语背景（教学对象问题）

中国学生的汉语背景使他们在学会准确运用英语结构形式方面会遇到不少特

殊困难，因此应当特别重视准确。

2. 必须把准确放在首位

有学者曾把英语使用情况比喻为一座三截的金字塔。其中最高一层是"国际交往中通用的英语"。这是人们最想学会应用的英语，势必要求特别准确。

3. 我国的语言环境

我国是非英语环境，无法在"自然"的环境中得到及时的纠正或通过实践检验学得的语言，因此必然强调准确性。

4. 从学习目的来看，也应当特别强调准确

为了能够在多种多样的形势下和各种对象进行有效的交流，就要坚持准确在先的原则。

还有学者认为，根据不同的阶段目标，准确和流利要区别对待。作为终极目标，准确与流利在同等重要的位置，要求既要准确又要流利；但作为阶段目标或活动目标就要根据实际情况安排轻重与先后。比方说，在不同的学习阶段可以采用不同的原则。在语言学习的初级阶段，教师应多采用"控制性练习"，更加强调准确性，常在发现错误时，立即更正；到了大学学习阶段，学生已积累了一定的语法知识和词汇，口语能力的培养应注重提高学生的口语流利性，教师发现错误应选择不纠正或练习结束后纠正。

（六）分阶段原则

语言学习是一个长久的过程，是一个以应用为目的的过程，这就需要分阶段学习，只有这样才能不会遗忘，提高运用能力。一般语言学习分为两个阶段，即语言技能学习阶段和语言技能实践阶段。语言不仅是一个理论学习的过程，而且也是一个不断运用实践的过程。内化理论认为，语言的学习不仅涉及理论的学习，而且还涉及实践的灵活运用，不断练习。语言学习是一个漫长的过程，需要学习者不断感知，在生理心理双重作用下，有意识与无意识相互补充、在脑力与体力不断调节适应的过程中将语言内化为自己的能力，在自己的知识体系中进行加工、吸收进而转化成自己的能力进行输出。

技能学习就是先学习一些句式、句型搭配，通过这些知识的记忆与理解，可以帮助学习者更好地运用英语，更贴切语言使用群体的使用习惯，比如表达建议、约会、庆祝、祝愿等场景的句式和固定搭配，展示了特定的文化习俗。

只通过理论学习是掌握不了语言的，还需要大量的练习实践来帮助学习者学习语言，达到灵活运用的目的。好多学生语言学习只是能看懂，却不会运用，因

此大量的练习和总结才能真正地掌握一门语言，通过句型、固定搭配、语法等学习构建起语言的框架，再通过反复真实的、自然的练习真正地达到熟练运用，增强运用语言的灵活性和能力，只有设法去实践去运用语言，才能在真实的场景练习中学到更多东西。

现在学生学习语言的一个不足就是不注重口语能力，认为口语能力可有可无，只注重考试用到的非口语能力。一部分学生觉得口语很枯燥，反反复复就是练习，没有创新，不喜欢，还有一部分学生只是为了应付老师泛泛学习口语，没有深入，这些情况都会对口语能力的培养产生消极的影响。

二、英语口语的教学方法

英语口语的教学方法有很多，这里仅对 3D 口语教学法、全身反应法和头脑风暴进行扼要的说明。

（一）3D 外语口语教学法

3D 口语教学法是彭青龙凭借自己的教学经历在 1999 年首次提出的。3D 口语教学法把学生定位在对话、讨论、辩论这三种口语实践活动的中心。3D 口语教学法以交际教学法、任务教学法和二语习得理论相关内容为指导原则，通过增加课堂上的可理解性输入和有意义的活动提高学生的交际能力，强调帮助学生在变化的活动和任务中学习语言、运用语言的能力。

3D 口语教学法更具有系统性和操作性，能更好地提高学生的参与灵活性和思辨能力。整个教学灵魂在于参与互动的学生扮演的身份为演员或运动员，授课教师相对于学生就要扮演导演或者教练，通过这样的方法使得学生在课程学习中身临其境地完成语言实践。

3D 外语口语教学法由五大教学步骤组成：

1. 规定时间内的英语演讲
2. 对话
（1）由教师预先朗读对话，展示断句、发音。
（2）学生根据教师的断句与发音自行朗读并熟记对话。
（3）学生之间使用熟记的对话进行交互。
（4）教师讲解对话中需要注意的句式与结构。
（5）选取学生对此对话进行台上交流示范。
（6）学生之间根据教师讲解再次进行交互。

（7）教师与学生之间进行演练交互。

（8）学生之间可以根据不同的场景设置进行对话的交互练习。

3. 讨论

（1）学生应在课前对相关阅读材料进行了解。

（2）教师确定课程中学生之间的讨论题目。

（3）教师将学生随机分为两人或四人一组开展讨论活动。

4. 辩论

（1）将学生分为正辩与反辩两组。

（2）由教师讲解辩论理论、规则、技巧。

（3）确定辩题。

（4）举行辩论预演，熟悉辩论流程与辩论内容。

（5）辩论学生分为两方，台上进行辩论，台下观摩并就辩论过程中的问题进行质询。

（6）辩论结束后由教师与学生共同进行评估。

5. 小结

3D 口语教学法是口语教学的一种微观策略。从表层上看，3D 口语教学法是对话、讨论、辩论三种口语活动形式的简单组合，但是这其中体现了一条极为特殊的核心原则：意念的互动可以引发并推动之后话语的互动。学生的英语交际能力在这种语言实践中得以培养和提高。这是整个口语教学的重心，值得英语教师在口语课堂中实践。

（二）全身反应法

全身反应法是在 20 世纪 60 年代由美国加州圣约瑟大学的心理学教授詹姆士·阿歇尔（James T.Asher）首先提出的用于锻炼英语口语的理论。这种方法依据于人类的左脑和右脑具有不同的功能，其中左脑主要负责与逻辑相关的内容，右脑负责与形象有关的内容。

在英语口语教学中，它是指教师发出指令，学生运用动作对教师的指令做出反应。具体来说，就是教师发出指令后，学生可以通过主要负责逻辑思维的左脑指挥听觉接收信息，然后通过主要负责形象思维的右脑指挥肢体完成相应的动作。在正常的教学活动当中，可以先由教师发出指令，学生在接收到指令后做出相应的动作，等到学生完全熟练之后可以过渡到学生之间分组互相发指令做动作。

指令可以从简单到难的顺序逐渐提高学生的词汇水平。教师可以在教学活动中利用全身反应法培养学生的口头表达能力。在控制性词汇练习中，教师可以组织学生利用学习过的单词与身体上的各个部位一一对应，在进行相应的动作时准确说出动作部位的英文单词，利用全身反应法可以有效地调动起学生学习的积极性，增加教学过程中的乐趣。全身反应法先由教师进行讲解，以便于细致地帮助学生理解。两名同学之间可以使用英语互相向对方发出触碰自己身体某一部位的指令，接受指令的同学要重复相关指令并触碰对应部位。学生之间可以扮演不同的角色，相互发出指令，根据指令做出相应动作锻炼自己。

全身反应法还可以应用到控制性语法练习活动和控制性交际功能练习活动中。

全身反应法可以在一定程度上充分且有效地调动学生的学习积极性，从而提升学习效果，基于此有些人认为这种方法比较适合帮助中小学生从小培养英语学习的兴趣，但是用全身反应法向学生解释一些抽象的事物比较困难。考虑到全身反应法教学的优点和学生认知方面的不同特点，全身反应法仍然可以运用到大学口语课堂。比如，学生通过身体对语言的反应动作可以提高对英语的理解力。全身反应法能够瞬间抓住学生的注意力，吸引学生参加活动，帮助他们在与实际生活紧密相连的学习环境中身临其境地学习英语。

教学的目的就是培养学生对于所需语言的实际运用能力，帮助学生理解英语、用英语交流，帮助学生消除紧张心理。另外，每个学生都是特殊的个体。在接受知识和学习知识时，他们各自有不同的特点。在对于外部信息的接受程度上，一部分学生善于使用听觉，有些学生善于使用视觉，这些都对于提高学习效果有帮助。同样的，在表达方面，不同的方式方法也会导致不同的结果。

全身反应法旨在教导学生使用包括视觉、听觉、触觉在内的多种感官的协调配合，从感性的角度理解和学习语言，可以帮助学生打破沉默，开口讲英语。

（三）头脑风暴法

1939年，美国创造学家亚历克斯·奥斯本（Alex Osborn）首次提出头脑风暴法。这种方法原来是用于商业公司的会议中的，指的是在规定的时间之内，不同的人通过迅速联想对某一个问题提出尽可能多的解决思路，从而可以得到一种或者多种解决办法。

从根本上来说，头脑风暴法和发散性思维在很多方面都很相似。发散性思维也可称之为求异思维，这种思维模式可以从单一思维原点进行发散性联想，产生更多的信息。这种思维模式可以从问题原点获得尽可能多的输出，可以获得多种解决问题的途径与办法。

在英语口语教学中运用头脑风暴是希望通过无拘无束、自由奔放的发散思维进行信息催化，让头脑充分运转，思维高度活跃，进而打破常规的思维方式，突破定势思维的限制，产生大量创造性的设想。可以把头脑风暴简单地理解成在大脑中完成对此类事物的快速联想，帮助人们锻炼思维能力。

我们可以用一个相关的例子来说明，教师为了锻炼学生的思维能力，可以通过提出某一个英文单词并要求学生在有限的时间内快速、准确、尽可能多地联想与之相关的单词或词组。在联想出的单词与词组中，如果其他人对其关联性产生怀疑，可以要求该单词或词组的联想者进行解释说明，只要能说服其他人，该联想单词或词组的合理性就可以被承认。教师可以利用这种办法帮助学生有效地认识和学习，活跃课堂气氛，调动学生学习积极性，扩大学生英语学习词汇量。

头脑风暴可以应用在口语教学的很多阶段或各种拓展练习中。这里简介头脑风暴在英语口语练习中的三种使用。

1. 用于课前热身练习活动

头脑风暴用于课前热身练习活动，可以为教学主体阶段的口语活动做好准备，保证教学活动的正常进行。通过组织学生参与头脑风暴活动，增加课堂趣味性，充分调动学生学习积极性。

2. 可以用于语言知识拓展练习

头脑风暴可以用于词汇拓展练习、句型拓展练习等拓展练习中。它有助于最大限度地激发学生对有关知识的自由联想，达到有效复习的作用。同时可以避免强制性复习给学生带来的焦虑和压力，促进学生对已有知识的主动构建。

3. 用于开放性活动

头脑风暴运用于开放性活动，比如给某一个故事续写结尾、对某个人或某个事件发表自己的意见和看法、自由讨论或辩论等活动中。在学生参与的这些活动中，需要尽可能迅速且细致地发挥自己的聪明才智，激发潜能，有助于学生间相互启迪，达到思维的互补。例如，一次口语课堂活动是对计算机进行讨论。教师可以采用头脑风暴的方法进行教学。第一步，教师可以让学生讨论目前在家庭生活中使用哪些电器，与现代信息生活息息相关的电子产品有什么等等，引出课堂讨论的话题计算机。第二步，教师可以让学生自由组合，在一分钟内讨论与计算机有关的词汇。第三步，让部分学生在黑板上写出讨论的词汇，如"disk, type, printer"等，教师对这些词汇进行总结和归纳。第四步，由教师拟出课堂主题，组织学生根据该主题及相关要求完成讨论。第五步，各组派代表展示讨论的观点。

在口语课堂中，活动进行到哪个步骤要根据学生的程度以及他们对这个话题的兴趣度。如果学生对计算机的话题非常感兴趣，而且有能力进一步深化主题，教师也可针对这个问题进行辩论。

总之，头脑风暴可以激发学生的创造性思维，有助于课堂上的学生获得独特的思维方式和看法，也可以培养个人专业能力和团队合作精神，有助于学生开阔思路、丰富想象、变被动学习为主动学习，提高学习质量。

第三节　英语口语教学活动设计

本节将以大学英语口语教学为例，探讨解析英语口语教学活动的设计。

一、英语口语教学活动的设计原则

（一）信息沟原则

为了使课堂口语活动有效、有序地进行，教师应注意给学生提供背景材料的信息沟或意见差，对不同的学生提供不同的内容，便于他们完成不同的角色或任务。

信息沟指的就是对话双方存在着信息不对等的情况，双方在所掌握的信息方面存在着一定的差距，意见差是指人们对于事物看法有差别。对话发生的原因就是双方想要从对方身上互相获取本方未拥有的信息。由于这种差距和差别的存在，想要获取信息的双方可以通过交际的方式缩短信息差距，以维持信息平衡。

在英语口语教学中，教师在设计口语教学时，要注意设计具有信息差的口语练习任务，使学生双方只有通过互相交流才能补全信息沟，诱发学生参加交际活动的欲望。一些英语口语活动中的讨论达成统一意见、进行决策等，其基本原理就是利用人与人之间在观点、感受、记忆方法等各种方面的差异和不同，以达到某种任务目标为动力，引发学生之间的对话。

实施含有信息沟的口语教学活动，可以推动学生积极对话。通常来说，能调动学生积极性的口语任务包括五个要素，即任务目标、双人或多人组织形式、对信息的需求、信息、信息沟。语言交际就是说话人和听话人之间的信息沟通过程。

一般情况下，在英语口语教学中教师设计相关活动时最常用的一个办法就是利用信息沟设计一些学生日常生活中所不太能接触到的身份，这种有着天然信息差的身份可以使学生之间只能通过与对方所扮演的角色交谈才能获得相应的信息。

(二)难度适宜原则

教师在设计口语教学活动时,要考虑学生的不同水平和需求,训练不同的内容和技能,遵循难度适宜的原则,既不要太简单,也不要太难。在口语教学活动中,教学内容设计为循序渐进的难度可以使学生的口语表达能力稳步提高。之后为了提高学生口语表达的准确性可以开展一些比较正式的教学活动,在活动中着重注意口语的语法、单词的表达。所以,英语口语教学活动就是要把不同类型、不同难度、不同要求的教学活动进行一定程度的融合,在这种全方位教学氛围中帮助学生联系并稳步提高自己的口语能力。

任务难度具有三个级别:最简单的是静态任务,较难的是动态任务,最难的是抽象任务。教师可根据学生不同的学习情况设计教学活动。

静态的任务(如图表异同比较)适合初学者,动态任务(如讲故事)适合于中级阶段的学习者,抽象任务(如阐述个人观点)适合于高级阶段的学习者。同时,口语课堂教学中不同人之间的交流必不可少,学生之间、教师与单个或多个学生之间进行课堂上的口语交流,有助于帮助学生深刻领悟口语交流中的注意事项。更应该提倡学生之间进行交流,可以是两三个人进行,也可以由多个人进行小组间交际。另外,教师要向学生讲明语言交际活动的内容,发起活动并收集反馈。

二、英语口语教学活动设计的具体内容

常见而有效的口语活动类型及具体的教学范例如下:

(一)演讲

演讲是英语口语学习者在生活中会用到的一种技能。站在同学面前进行演讲,不仅锻炼了学生的英语口语能力,也为之后在生活中进行英语口语讲话交流提供了经验。演讲可以根据形式或内容的不同分为不同的类型。按照演讲的形式进行划分可以将演讲分为有准备的发言与即席演讲,按照演讲的内容进行划分可以将演讲分为学术演讲与商务演讲等诸多类别。

1. 有准备的发言

有准备的发言是指由学生根据自己选择的话题进行发言。在发言中,学生可以根据自己事先准备好的演讲稿进行,这种发言的特点是比较书面化,连贯性和流畅性较好。学生可以使用工具辅助完成演讲,同时演讲活动可以采用脱稿的方

式进行，有效锻炼自己的能力。

在进行有准备的发言之前，教师可以对学生就口头发言的规则与步骤进行辅导说明。在学生准备发言的过程中，教师主要起到一个引导者的作用，帮助学生有效准备发言稿，细致讲授发言技巧。之后组织学生进行实战演练，在练习过程中学生之间可以互相配合进行深入练习，不断提高自己演讲发言的能力，根据规定的要求，教师可以组织学生发现错误并改正错误。

对于学生发言者来说，面对着观众脱稿演讲可以更好地锻炼自己的英语口语能力。台下学生在倾听过程中要有选择性地研究发言内容并记录，在发言结束后进行反馈提问。通过互动帮助发言者与倾听者更好地认识到自己的不足，明晰努力完善的方向。

对于发言者来说，积极地吸纳老师和同学的反馈，归纳总结反思自己的发言内容以及反馈意见，才能在不断改正错误中提升能力。

2. 即席演讲（发言）

即席演讲（发言）可以应用在课堂上，指的是由教师提供指定问题在规定时间内让学生即兴发挥。这种互动形式可以在教学活动中帮助活跃课堂气氛，确保每位同学都能参与到其中，保证教学质量。

在口语教学的课堂上，即兴发言的学生往往会因为单词或语法错误、紧张等因素导致即兴演讲中断。对此，教师要有足够的耐心对演讲的学生进行引导，帮助学生完成即兴演讲。不论结果如何都要给予其足够的鼓励，充分调动起学生对于英语口语练习的积极性，之后就可以通过不断练习提高口语能力。

对于教师而言，学生在即兴演讲中的错误是可以被原谅的，应当耐心且细致地就相关问题进行纠正，帮助学生深刻领悟错误根源。同样，教师在即兴演讲的教学活动中应当明确课堂主体为学生，对于演讲内容要倾听，对于演讲中的错误要指出，不要营造压迫感破坏学生积极性。

3. 学术演讲

对于为了学术演讲或其他与之相关的英语语言学生来说，在学习的过程中可以事先在课堂上练习相关的技能，在练习中可以充分地研究学习该种演讲类别的特点，在课堂练习的演讲中有助于体验与之相关的各个步骤的特点。

在演讲练习课堂上，为了帮助学习者稳步提升技能水平，教师可以与学生共同研究制订演讲学习的计划，在之后的学习中根据实际情况进行改进优化。学生在学习演讲时，演讲者应当选择适当的演讲风格，有意识地控制演讲时间，保证自己的演讲效果能够调动起听众的兴趣。

4. 商务演讲

商务演讲与学术演讲类似，只不过，由于演讲主题的改变，学生演讲的措辞、演讲风格都要有所变化。在练习过程中学生不但可以了解掌握商务英语的语言表达形式，还有机会掌握更多得体的商务礼仪。

减轻个人演讲压力的方法是让学习者结对做准备，轮流演讲。为了让听众积极配合，有所收获。作为一种通行做法，在演讲结束时既可以给他们时间讨论这个演讲的优缺点，也可以让他们提出一些问题，或者给这个演讲做个简短的总结。

（二）讲故事和笑话

讲故事是闲聊的一个主要要素。通过讲故事，学习者不仅能练习一种重要的技能，还可以相互了解。

1. 看图说话

口语练习的主要方法之一为叙述故事，学生通过看图讲故事的形式练习口语。现在，为了增加学生参与度，调动课堂积极性，广泛采用鼓励学生讲看图说话的形式来练习口语，这种个性化的课堂教学活动正在被广泛应用。

2. 猜谎言

学生之间给对方讲述两个小故事，在逻辑性没有问题的情况下根据规则要求两个故事一真一假。听者需要在听完对方的讲述后，利用有限的几个问题猜出对方两个故事中哪一个是谎言，同时要求给出这么选择的依据。鉴于大多数学生不太了解规则或者不能完全明白规则，需要教师给学生进行示范，帮助学生更好地了解此种课堂活动。

3. 插入单词

每名学生都有一个独属于自己的小卡片，要根据卡片上的单词或语句在保密的情况下轮流给其他人讲述规定字数内的小故事，其中要不着痕迹地暗示那个保密的单词或语句。讲完故事后，别的同学要根据小故事中的线索猜出那个单词或语句是什么。

4. 故事链

故事链即故事接龙，学生之间利用自己所学的知识在上一位同学的故事基础上继续往下讲。这种活动既能练习听力技能、锻炼口语表达能力，又可以训练学生的快速反应能力和创新思维。

5. 聚会笑话

学习者先自行设计并排练一个含有叙述元素的笑话，然后将整个班级分成若干由五六个成员构成的小组，所有人在小组内轮流讲他们的笑话。教师在小组活动前可以先教一些基本的讲笑话的语句框架供学生参考。在小组活动过程中，教师要四处走动，做一个积极参与的观众，并适时提供支持，帮助学生克服语言障碍。活动结束时，各小组可以表决选出最好的笑话。

（三）对话

在教师教授课程过程中，对话练习可以帮助学生有效掌握新句型。学生之间组成小组进行对话的方式对保证课堂秩序有显著效果，无论是大班还是小班都不会难管理。

1. 结对对话

结对对话既可以在师生之间进行，也可以在学生之间展开。师生对话主要是起到演示的作用。教师可以让一个同学自愿饰演教材里一段对话中的一个角色，并大声朗读要说的话，而教师扮演另一个角色。之后，教师再与另一个学生重复这个过程，但这次角色要互换。或者教师设置一个情景（如商店购物），与一个学生创作一个对话，然后班上的其他学生再结对做同样的对话。

学生与学生的结对活动可以有两种形式：开放式和封闭式。开放式结对活动是两个学生——相邻或相向的两个人表演对话，而班上的其他人来观看。封闭式结对活动是相邻的学生进行对话，所有的结对活动都同时进行。在这一步中，教师的作用是在教室里四处走动，检查学生是否在做这个互动，并在适当的时候提供指导或订正。当学生结束了他们的对话时，可以让他们变换角色再重新做一次，可以改变对话中的关键因素（比如说话者之间的关系）或是尝试凭记忆来完成这个对话活动。在教学中，可以把开放式结对活动和封闭式结对活动综合运用。

在封闭式结对活动结束后，教师可以采用开放式结对活动，即选几对同学在全班同学面前表演他们练习过的对话。

2. 小组对话

小组对话除了涉及人物角色较多的情景对话以外，还可以融入一些个性化因素，比如句子星、真假句、话题接龙等。

（1）句子星

学习者每人在纸上画一个五角星。教师让他们在五角星的星尖上分别填写"can, like, have, used to, going to（这些提示词可以根据班级学生的水平来选择）"。接下来，每个人用五角星上的词汇或短语按照老师的例子写出有关自己真实情况的句子，如"I can speak a little Portuguese"，然后学生分小组轮流读自己的句子。

小组里的其他人要对每个句子至少提三个问题。

（2）真假句

教师给学生提供几个语句，教师可以有意地揉入特定的句法结构。然后，组织学生分组讨论教师给出语句的真假，在达成统一意见之后报告给教师并陈述猜测的依据。之后学生以听写的句子为范例写出自己的真假句，让小组其他成员来测。

（3）话题接龙

学习者四人一组或五人一组，其中一人（可以抽签决定）先说一个句子，引导话题开始，接下来的人都要接着这个话题每人贡献一个句子（并把自己的句子记下来），通过两轮的轮转共同拼接建设一个对话，然后教师抽选几个小组把对话展示给全班的同学。

在进行对话练习时，教师的设计需要在安全性和挑战性之间取得平衡。如果任务太容易，缺乏挑战性，比如让学生机械地没完没了地大声朗读对话，就不可能激励他们调整现有知识以吸收新的语言点。反之，如果任务难度过高，压力太大，学生就会望而生畏继而闭口不言。

教师在安排记忆对话的任务时，可以采用一些辅助手段帮助学生减轻压力。比如，可以把有待习得的重要语句写到黑板上（或用 PPT 展示出来），在学习者熟练地把这些语言材料融入会话中以后，再部分或完全删去（或隐藏）这些内容。此外，教师让学生听录音的同时把丢失的重要语块补充完整，然后再操练或者让学生自己制作提示性的卡片等都是很好的方式。

（四）讨论与辩论

讨论与辩论可以调动学生学习积极性，锻炼学生英语思维能力，方便教师进行英语语言教学。

在讨论与辩论教学中，教师可以组织学生以小组为单位进行。在小组内学生之间根据某一话题用英语口语进行讨论与辩论，互相交流看法。

学生之间可以组成小组锻炼口语，由教师提供或学生自己选择某一主题进行，也可以模拟某一环境，在这种环境下完成任务。这种小组形式的讨论与辩论可以有效提高学生的学习积极性，锻炼学生的英语逻辑思维能力，学习辩论技巧。以小组的形式进行学习可以方便学生之间共同协作、互相帮助解决学习过程中的问题，共同进步。

教师在小组讨论的课堂模式中主要起到引导的作用，课堂的进行应当由教师有选择地准备，利用学生感兴趣的话题调动起学生的学习兴趣，使学生能够积极主动地投入到学习任务当中去。教师在课堂中要给学生提供精简却又有高价值信息的素材，通过选取不同的话题照顾到年龄阶段、文化层次有差异的学生，确保参与到课堂讨论的学生都能找到自己感兴趣的话题。

利用选取的要点素材，在有限的素材中思考自己的讨论内容。话题要尽量确保有挑战性，充分培养学生的思考能力、逻辑思维能力，引导学生利用所学知识与技巧完整论述自己的观点。

教师要引导学生了解、明晰课堂上需要完成的学习任务，关于讨论与辩论需要遵守的规则及相应的完成步骤。关于讨论与辩论的规则包括不得干扰他人发言、不得使用任何方式影响他人发言、自己应当积极发言等内容。教师需要为任何在讨论中出现问题的小组成员提供引导与帮助，保证讨论与辩论的正常进行，帮助学生把握讨论主题，及时总结讨论内容与收获，主动拓展思路，寻找新的角度。

学生小组内的讨论应当围绕相关话题，教师主要作为课堂引导者帮助学生正确地在话题内进行讨论。如果遇到学生无法将话题讨论正常地进行下去，教师可以对学生进行引导，帮助学生找到新的角度完成话题讨论。对于不同小组有着不同的进度，教师应当有准备地组织首先完成的小组继续进行或者是总结刚刚结束的话题。对拖后的小组，教师只能提前终止他们的讨论。提前终止话题有时也许不会影响学生的话题讨论积极性。

教师需要对学生的讨论内容及讨论过程中的表现做出相应的评价与指点，帮助学生充分认识到自己具体方向上的不足。对于教师而言选择哪种评价反馈方式并不是最重要的，可以选择多种评价办法从而得到评估结果。

教师对学生的话题讨论评价应该是全面且细致的，教师要有意识地组织学生一起评估各组的话题讨论结果，发现不足，总结错误，引导学生发现更好的结果。也可以提供给学生相关话题的"权威答案"，组织学生从中讨论、学习优点段落，还可以邀请优秀小组上台分享自己的经验，或者将优秀小组的总结结果以书面形式张贴在教室，方便大家学习。教师要尽可能全面且细致地解决学生的问题，帮助学生提高自己的话题讨论能力。

关于讨论的形式主要有讨论卡、热身讨论、座谈会、热气球辩论、金字塔（共识）辩论几种。

1. 讨论卡

使用讨论卡的形式完成课堂讨论，在讨论卡上填写准备好的与话题相关的句子，组织学生以小组的形式进行讨论。教师将学生分为小组，组内的学生完成抽签，每完成一次抽签都要抽签人将签上的内容朗读出来，小组内同学对签上内容进行讨论，一次讨论结束进行下一次抽签，如此反复。值得注意的是，如果同组内学生对于签上的内容不感兴趣，也可以放弃此次讨论进行下一次抽签。每个小组不需要将所有的签上的内容都讨论完毕，学生在将感兴趣的内容讨论完毕之后就可以进行讨论内容总结。教师可以决定何时结束，结束之后可以将先总结完的小组的总结内容进行全班讨论。当然，每个学习者小组可以提前自己准备卡片，并与其他小组交换卡片来讨论。

2. 热身讨论

教师在组织热身讨论之前可以组织学生完成自己布置的讨论任务，学生可以根据教师提出的问题进行小组内的讨论，讨论结束后向所有同学汇报讨论结果。教师规定的讨论问题可以是多种多样的，在布置一些有难度的讨论话题时，学生可以在课下查找相关资料为讨论做准备。

3. 座谈会

座谈会指的就是不同的人之间就某些歧义问题进行辩论。辩论主要是由正、反两方与辩论主持人组成的。教师在组织座谈会形式的辩论时，可以让学生根据小组总结本方观点的依据材料，之后在主持人的组织下每组派一人与对方进行辩论，其他人在听的时候发现问题总结问题。在辩论结束后听众可以就自己在辩论过程中听到的问题进行提问，辩论者要及时给予回答。

4. 金字塔（共识）辩论

金字塔（共识）辩论的活动原理是教师组织学生以两人一组的形式，两组之间进行辩论，尽可能地用自己的观点说服对方。在说服对方之后，组成四人小组再与另外的小组进行辩论，直到说服所有小组。以班规的制定为例，教师可以组织学生在教师已给出的基础班规上进行补充，不同的组进行辩论成功说服对方之后将确定的班规添加到基础班规之上，直到最后两方，其中一方被对方说服，双方再无异议，班规制订完成。

许多类似的形式也有很好的效果，如分级任务。可以为以下任务排序：如历史上最重要的五个人物、有史以来最佳的十大流行歌曲、我要带到荒岛上去的八件物品、必须学习的六门课程等。

例如，在共识辩论活动中，教师先把学生分成四五人构成的小组，教师规定时间要求学生选取最能代表当今社会的物品，并给出这么选择的理由。小组内的学生要积极地进行讨论，教师则要在小组间进行聆听，注意听取一些较为有价值的讨论内容。在讨论中，学生应当使用英语进行，教师要保证这种辩论是为了帮助学生锻炼英语口语能力而组织的。

在辩论完成之后，所有学生可以以小组为单位分享自己的结果，教师要有意识地把在各组走动时听到的建议和想法告诉学生。之后教师和学生可以一同讨论活动中出现的语言问题。

再如，开展辩论活动。教师先把学生分成四人构成的小组，然后让这四个人两两搭配（可以自由组合，不过最好是根据他们的水平来组合，这样实力更均衡），分别担当正方的一辩、二辩和反方的一辩、二辩。然后，教师给出辩题，每个小组内两队的学生一队要同意该观点，另一队则要反对（可以由学生自由选择，也可以抽签决定）。

教师可以先让每队的学生考虑几分钟，尽量多想出一些论点，甚至还可以允许他们用手机互联网查找事实依据。学生最好能在队内演练辩词的机会（讨论阶段和演练阶段由教师控制）。接下来，教师可以选出表演组或志愿组进行公开辩论。辩论结束后，让辩手先背向全班学生，再由全体学生举手表决胜出的一方。

在这个活动中，教师可以担当辩论的组织者和程序控制者，其实也可以让某个学生来担任这个角色，这样做不仅对那个学生来说是个很好的锻炼机会，教师也可以有更多的精力来帮助两边表达有困难的学生。

（五）角色扮演和模拟

角色扮演和模拟可以使学生能够身临其境地学习英语，锻炼自己的英语思维能力和英语口语能力。学生在进行扮演角色时，可以在短时间内完成某一情境的英文环境交谈。学生可以选取自己现实生活中经历过的情景进行模拟，或者选择自己未曾经历过的场景与事件进行模拟。

在进行角色扮演时，学生所扮演角色可根据两个条件进行，一个是角色的身份及相关的个人信息，另一个则是学生在扮演场景中应当说些什么。在扮演活动中，学生要根据这两个要求在框架内完成扮演，充分揣摩所扮演的角色在当前环境中遇到该事件，以他的性格、阅历等信息应当说些什么去符合人设，所以说扮演活动中的学生应当合理运用自己的英语表达，在多个方面展现相关技巧能力。

对于课堂教学来讲，角色扮演有着不少的优点，在活跃课堂气氛、充分调动学生的积极性方面有着显著作用。一方面，通过角色扮演，学生获得了不同情境下、不同身份的英语交流经验，提高了英语水平。教师通过角色扮演充分培养了学生的英语语言交际能力，丰富语言使用环境，让学生学以致用。再一方面，帮助学生发现自己所学的知识在实际应用中的不足之处，及时进行改正与深入学习。

还有就是，可以帮助一些课堂上参与度不高的学生充分地参与到教学活动中来，帮助他们更好地克服自身的桎梏，用角色扮演中的角色鼓起勇气进行沟通。最后，该种授课方式能够提高学生的课堂参与度，提升学生的语言熟练度，为将来在现实生活中使用英语口语进行沟通积累经验。

模拟活动同样要求参加者以假想的角色复现人物在某个情景中的言行，其往往需要两个以上的角色，涉及的语言技能包括听、说、读、写四个方面。多数模拟活动都要求参加者根据各自的角色，在完成任务前和完成任务的过程中自己寻找材料，自己决定舍取改编，自己提供有关信息，最后集体配合共同完成任务。因此，模拟活动比扮演角色结构更复杂，步骤更多，时间更长，内容更丰富。

模拟活动有三大要素。首先是职责的现实性。参加者必须在思想上接受模拟活动所要求的职责，必须在思想上和行为上进入角色，尽自己最大的努力按照所模拟的角色去想、去说、去做、去履行自己的职责。第二个要素是模拟的环境。环境必须是模拟的，不是真实的。第三个要素是结构。结构必须围绕问题而建立，必须保证职责的现实性。

模拟活动旨在通过多人的互动完成语言的练习，这种模拟练习是一对一的角色扮演模式的升级版，更加符合现实生活，更加有挑战性。在进行模拟活动时，每位同学都要明确自己的任务，保证模拟活动的顺畅进行，积极积累英语口语的实战经验。

在模拟活动中，教师主要是起到一个引导者的作用，选择适合学生的模拟活动场景，充分讲解该项活动中的步骤、内容、要求。教师作为组织者与引导者，要及时满足学生的场景材料要求。教师作为观察者要及时记录学生们在模拟活动中的表现，方便之后进行针对性的评价，并提供指导方向。

学生在做模拟和角色扮演活动时，场景的创设至关重要，尽管这种环境可能只出现在师生的脑子里。只有对背景信息有足够的了解，学生才能在此基础上充分发挥创造性，表现得当。下面，我们将提供几类典型的模拟活动：

1. 不在场证明

选出两位同学担当被告的角色，这两位同学需要证明在某特定时间段内一直在一起而不在某犯罪现场，他们可以到教室外做准备。其他同学则扮演警察或法官的角色，准备一些问题，用来"审问"两位被告。然后被告一个一个走进教室接受盘问，在教室外的等候者不许偷听，被盘问者必须给出问题的答案，不能说"不记得""不知道"等。问题问完后，如果两人回答一致，则两人无罪胜出；反之，则意味着两人有罪。

在大班中，这个活动也可以在小组内分开玩，只要选出的"被告"互相听不见所说的话即可；两个被告还可以被两个不同的小组同时盘问，然后交换地方。

这个活动还有变体形式。例如，选出两位同学担任来自同一个家庭的绿卡申请人，其他同学则担任移民局官员的角色。在这种情况下，那两位同学需要回答有关家庭成员信息的问题。

2. 逛商店

教师将学生分成三人小组，每组选出一名学生扮演顾客的角色（可以抽签决定），另外两名学生则扮演店主。作为顾客的学生要分别拜访两家商店，然后决定在哪家商店买东西。这个活动的情境还可以变化。比如，让一名学生扮演幼儿家长的角色，另外两名学生扮演两家幼儿园的园长，家长要分别咨询两位幼儿园园长，然后决定选择哪家幼儿园。

其他的变体有：旅游公司、语言课程、室友等。这样变换活动的主题就可以训练学生在不同情境下的语言运用能力。

3. 调查

这个活动可以通过四人小组的形式来开展。其中两人扮演法官的角色，另外两人则分别扮演原告与被告的角色。原告就自己受到的侵害进行申诉，阐述并提供收集到的证据，被告则要进行反驳。最后两位法官商议做出裁决。

这种活动也可以有其他的变体。如，消费者对责任方进行投诉，两家公司负责人同时竞标一个工程项目等。

4. 短剧表演

学生可以根据教师指定的短剧题材以小组为单位完成内容策划，也可以自主选择主题进行（可以借鉴电影片段、经典故事情节等）。为了保证效果，教师要督促学生在课外投入较多的时间和精力来排练。而且，在准备阶段，教师最好能给学生提供支持，如帮助学生修改剧本，教他们恰当地运用语音知识述说相关台词。

教师可以为课堂上学生的断句表演进行录像，之后进行放映，这样可以督促学生以更加精益求精的精神完成作品的创作。在对短剧进行内容创作时，可以有效锻炼学生的资料收集能力、理解能力，之后的短剧排演可以锻炼学生的语言能力，在较为真实的语境中也为学生的英语口语提供了锻炼支持。

(六) 交际游戏

学习者若想口语流利，在语言的实际运用中，就不能过于关注语音语调、语法规则等语言事实,而应把主要精力放在"达意"和完成交际任务上。在学习语言时,我们可以比较细致地琢磨那些语言事实,以便养成正确的语音语调习惯,不断矫正巩固语法知识,丰富自己的词汇等。但是在运用语言时,我们则需要实时自动化地综合运用各种语言知识来加工语句,以出色地完成交际任务。多样化的交际游戏可以大大加速学生语言知识自动化的进程。

1. 信息沟活动

在这类游戏中,参与者手中所掌握的信息是有差异的,他们只有通过语言交流,分享信息,才能完成既定的任务,如找到两幅图的差异,解开一个谜题,描述事件并排序等。这里有一个四方参与的拼图活动的例子:上课前,教师准备四幅大的教学图片,这几幅图片共同反映了一场交通事故。全班分成四组,教师给每个小组分别看一幅图片,然后让每组成员讨论并就他们看见的图片达成一致。然后将这四个小组的每个成员编号,再按照号码对应的原则重新分组(所有号码相同的为一组)。新小组的任务为:每个人轮流描述自己看到的图片,大家共同决定事故的发生顺序,以小组的名义确定交通事故的责任方。

2. 问卷调查

该活动是要学习者根据教师或教材里的话题进行提问和回答问题。学生先以小组的形式围绕话题展开讨论并设计问卷,然后四处走动,问问题,记录答案,之后再回到原先的小组里核对调查结果,得出结论。接下来每个小组派出一个发言人向全班汇报小组的发现。

3. 阻塞游戏

如果在对话中能让学习者突然感到很意外,而不是按照他们想象中的方式进行机械式的回应,"阻塞"其预期,就能很好地调动他们的语言生成能力,摆脱相对单调的语言记忆能力训练。在这种练习活动中,教师可以先予示范。比如,在学生按照脚本充分地练习一个购物的情境对话后,教师扮演店员的角色,让一个学生扮演顾客。教师不要给学生提供意料之中的回答。这样"顾客"就要临场动脑应付预料之外的回答。然后,学生可以结对自己玩"阻塞"游戏。

这种游戏也适用于课堂上教师的即兴提问环节。对于那些回答过于简单的学生,教师可以向他们多提出一些意想不到的问题,引导他们输出更多的语言并调节课堂气氛。

4. 猜谜游戏

教师在课堂上还可以适时引入一些猜谜游戏。在这个游戏里,一个学习者想出一份工作,其他人通过"Yes"或"No"的问题来猜出工作的名称。如果在10

个问题之内猜出答案，那个学习者就输，否则，该学习者算赢。此游戏的组织形式比较灵活，既可以是结对活动、小组活动，也可以是班级活动。这种游戏为学生语言知识的自动化提供了理想的条件。它是双向互动的游戏，有问有答，而且是实时发生的。因此有一种自发和不可预测的因素在里面。焦点放在结果上，即在游戏中取胜，而不是放在要达到目的的语言的使用上。

类似的游戏有："What sort of animal am I"（参与者 A 想出一种动物，其他人要问"Yes"或"No"问题来弄清那个动物是什么），"Who am I"（参与者 A 想出一个名人，在世的或过世的）等。

这种游戏的基本形式还可以应用于涉及学习者自身生活的话题。例如，通过"Yes"或"No"的问题来了解学习者的周末活动。

5. 电视与广播游戏

一些广播电视游戏也常常能成为很好的训练语言流利度的活动。例如："Just a minute"是一个流行很久的英国广播娱乐竞赛。参与者要根据主持人给出的话题连续说 60 秒，中间不能停顿、重复或出现偏差。"偏差"包括语言错误和跑题。如果另一个参赛者听到说话人出现这些问题，就可以打断说话人，然后接着其话题说下去，并得到一分。最先说满 60 秒的人胜出。如果在限定的时间内都没有说满 60 秒，那么得分最多的人获胜。再如，在"Fishbowl"游戏中，每个学生把写好的词组、问题或句子放入一个鱼缸（可用纸箱代替）中，然后让两名学生随意讨论一个他们感兴趣的话题，当他们听到设定的信号后，其中一人要把手伸进鱼缸取出一个纸团，随后他们必须立即把纸团里的内容插入到自己的对话中。

口语的提高既要有充分的语言输入，还必须依靠大量的语言输出。语言输出若仅仅是简单机械的重复，往往效果不佳。鉴于此，在本节，我们总结了几大类口语活动设计，旨在丰富英语口语课堂教学，让学习者能够加速语言知识的自动化，自然而然地整合已经具备的语言能力，实时加工语句，从而早日步入准确流畅表达的境界。当然，我们这里列出的活动类型只是沧海一粟，一定还有更多趣味盎然而又卓有成效的设计等待着我们去发掘，去实践。如果师生能够配合完成各项口语任务固然是好，但假如条件不许可，学习者完全可以在借鉴的基础上根据自身情况稍加改编，设计出合适的口语练习活动并亲身体验，也同样能取得令人欣喜的效果。

此外，课堂上的时间毕竟短暂，每个人的练习机会也很有限，学生在课外更应该充分发挥自主性，勤加练习。自主性较强的同学往往更懂得如何进行自我反馈，他们会及时反思自己的课外口语经历，取长补短，愿意和其他学习者分享经验，而且有动力去尝试那些对其他同学有帮助的策略。

其实，课外的自主性口语练习形式更加灵活。比如，学生可以将自己的口语练习过程进行录音或录像，然后交给教师或与其他同学交换以获得反馈；和好友通过社交软件交流时尽量使用英语；安装口语练习程序与聊天机器人实现一定程度的人机口语互动等。随着现代信息技术的发展，各种电子手段在给课后口语练习提供支持方面拥有巨大的潜力，对此，我们必须加以重视。

第四节　英语口语对教师的要求

教师除了对英语口语教学的目的、原则等方面进行研究，还要着重研究学生情感因素、实际课堂安排等方面。本节将从七个方面分析口语教学对教师的要求。

一、培养学习兴趣和热情

在日常的教学活动中，教师要致力于激发学生学习兴趣，有意识地培养学生的口语能力。不得不学和想去学是两种截然不同的状态。兴趣是学生学习中的兴奋剂，是获得知识的动力，能够让学生对学习充满信心。兴趣能使学习变得轻松、愉快，坚定学生刻苦钻研、勇于攻克难点的决心。

教育心理学表明，浓厚的学习兴趣是促使学生积极学习的前提和基础。学生一旦对学习的内容发生兴趣，就会为参与活动提供最佳的心理准备。在学习生活中，兴趣是最好的老师，教师要有意识地培养学生对于英语口语学习的兴趣。

大卫·努南（David Nunan）在研究了有关学习者在课堂上练习口语活动后指出，较强的与人交流的欲望可以加快学习该种语言的速度。即使在口语练习中遇到困难，学生也会积极对待。教师应当让学生从声音的角度，感受到完美英语的魅力，产生学习英语口语的强烈欲望。

在口语教学中，教师要遵循趣味性、循序渐进的原则，对教学内容进行各种变换形式的训练，让学生始终满怀兴趣，主动积极地与教师配合，专心投入到口语练习中去。教师可以采取丰富有趣、富有新意的教学手段，如适当的英语竞赛、游戏可以给学生一种脱离教师控制的轻松感，为学生提高英语口语能力增添信心及方向，辅助学生更好地锻炼口语能力。

在空余时间教师可以为学生播放具有代表性的英文歌曲，辅助学生学习，之后组织学生尝试以填空的方式将歌词补全。这些方法不仅可以消除疲劳、活跃气氛，而且大大增强了英语学习的趣味性，从而达到练习听力和语音的目的，有助于学生对单词的记忆。充分且有效地激发学生的学习兴趣，在趣味课堂中帮助学生锻炼表达能力及思维能力，学生的学习热情也会越来越高涨。

二、培养健康的心理素质

教师要培养学生英语口语能力，就要培养他们良好的心理素质，鼓励他们愿意说、敢于说、勇于向别人表达自己的思想。有些学生由于害怕犯错误（如说错话、用错词），被同学嘲笑或老师指责，而产生紧张情绪，不愿意说英语。有些学生由于性格内向或自信心不足，怯场，不敢开口，不敢在公众面前表现自己，展示自己的观点，时常在课堂上表现得紧张焦虑，口语能力低。这些都是心理素质不健康的表现，对英语口语的学习有很大的阻碍作用。消极的情感因素会严重地妨碍学生最大限度地获取英语和使用英语的机会，也会妨碍学生对输入的语言的有效吸收和消化。

教师不仅是知识的传递者，更是学生身心健康发展的引导者，有责任帮助他们消除恐惧紧张心理。学生在口语练习的过程中，最初会感到新鲜、兴奋，接踵而至的可能就是沮丧、犹豫、处于困境而摇摆不定，这种个人情感因素的变化只有经过合理的引导，才能减少对英语学习的负面影响。

教师首先要让学生学会保持乐观、积极的心态，其次就是要多鼓励学生，培养他们的自信心。比如说，学生在回答完问题后，教师要面带微笑，赞扬和肯定学生，让学生感受成功。教师要保护学生的自尊心，承认他们独特的个性，并保护他们的权利和情感。

三、营造活跃的课堂气氛

在口语教学中，教师所面临的一个最主要问题就是要想方设法鼓励学生打破沉默，开口练习讲英语。很多学生非常注意课堂学习的气氛，留心其他同学的行为。如果课堂气氛轻松活跃，其他同学都积极发言，那么他也会主动发言，否则，他就会同其他同学一样，保持沉默。因此，教师要在口语课堂中营造活跃的课堂气氛。

活跃的课堂气氛具有以下优点：首先，学生在一个和谐、宽松、愉快的环境中会感到身心愉悦，愿意大胆地表达自己的观点，无拘束地与老师、同学们交流；其次，轻松有趣的语言环境，也能促进学生了解数量庞大的英语语言信息。这种教学方法还可以活跃课堂气氛、调动学生学习积极性，有效地减轻学生对于英语口语学习的紧张情绪，使他们乐于开口，自然地用英语表达思想，提高学习效率。

鉴于以上优点，教师要做到以下几点：

第一，用热情友好的态度对待学生，创造轻松的会话环境。

第二，根据教材的不同体裁及内容，设定不同的学习氛围。

第三，交替使用不同的教学方法，利用直观的教具，营造一种轻松愉快的学习氛围。

通过教师带有目的性的引导可以充分调动学生的学习积极性和主观能动性，提高学习效率。在课堂教学过程中穿插一些可以互动的小游戏可以消除学生的学习懈怠问题，充分营造轻松愉快的课堂氛围。

四、锻炼英语思维的习惯

"说"是用语言表达思想的言语活动。语言与思维有着密切的关系，两者相互作用、影响，相互推进、制约。不同国家、不同民族运用语言来体现和组织生活的方式不同。语言表达方式的不同，往往表明思维方式的差别。因此在进行语言训练时，必须注意培养用英语思维的习惯。

英语思维指的是排斥非英语母语的干扰，在听说读写中尽量锻炼自己能够用英语直接理解，而不是转换为母语之后再进行英语理解。简单地说，就是指可以直接用英语输入信息，并能够直接用英语输出信息。培养学生英语思维的习惯是培养学生用英语，这是表达思想的重要手段和途径。毕竟中国人和英美人的民族文化和生活体验不同，因此思维训练与语言训练的结合应从"说"的训练进行。而且接触英语的机会越多，用英语思维的能力越强。没有经过英语思维能力训练的人，很容易在英语表达时出现中式英语的情况。

对于以汉语为母语的学生来说在学习英语过程中会将听到的英语翻译成汉语存储在记忆中，之后在表达时容易形成以汉语的表达方式说英语的问题。比如说，某件事情让别人先做，很多学生按照汉语的表达习惯说成"You do first"，而地道的英语表达为"After you"。

还有一个值得教师注意的现象，就是有些同学虽然口语能力较强，能说会道，可往往言之无物，比较空洞，不够得体。好像只能大胆说英语，但说些什么、怎么说考虑得不多，这就是思维和修养方面不足的表现。在英语教学过程中，教师应当注意培养学生克服母语干扰的能力，锻炼英语思维。教师可以试图要求学生根据所提供的情景和信息，用连贯的话语正确恰当地表达意思，而不是一些断断续续的互不连贯的独立的句子。再比如，帮助学生养成讲话前写提纲的习惯，这种习惯可以促使学生思维逐渐条理化。

教师也可以通过课文讲解，引导学生自己揣摩作者的思路。在授课教师的帮助下利用积极主动的训练方式培养学生的英语思维能力，帮助学生锻炼英语口语。

五、增强学生主观能动性

在进行英语口语教学的时候，教师应当主动且有意识地与学生互动，在互动过程中完成正常的教学活动。对于英语口语而言，教师应当给予学生充足的机会锻炼，只有敢说才能会说。

英语语言技能的提升不只是在课本中，还需要在实践中。只有通过对英语语言的实践才能够充分发现自己的不足并及时改正，在实际应用中提高自己的英语思维能力与英语口语能力。

教师在进行教学活动时应当以学生的学习结果为导向，及时修正自己的教学方向，修改自己的教学内容，以学生熟练掌握英语思维为目标，活跃课堂气氛，在教学过程中充分调动学生学习的积极性和主观能动性。对于英语口语的教学，教师应当确保学生的英语口语使用率，组织多项活动锻炼其英语口语，让学生在实践中学习。

认知理论指的是，学习英语语言的过程也就是新的语言知识不断结合的过程，也是语言能力从理论知识转换为自动应用的过程。英语学习过程中对于理论与应用的转换只能依靠学生自身。

建构主义认为，学习者不是被动接受任务和指导，而是积极参与并决定他们的学习需求和满足需求。教师应该尽量给他们自主学习的机会而不是时时刻刻地掌控他们的学习行为。因此，英语口语课堂教学应该以学生为主体，通过课堂上的语言实践和提高语言能力的训练，培养学生的观察能力、思维能力、想象能力、交往能力和合作精神。

口语课若没有学生的参与，就成了听力课。学生只进行输入练习，语言运用能力是很难提高的。因此要正确处理好教师教和学生练的比例，真正达到提高学生口语能力的目的。迈克尔·韦特（Michael White）曾谈到增加 I.P.T.T.（Individual Pupil Talking Time，即个别学生谈话时间）的迫切性。

要体现学生的主体参与性，教师一定要严格遵守精讲多练的原则。教师对语言材料中的语言难点以及涉及的文化背景知识做必要的解释，是为了学生更好地理解和消化所学的知识，为后来的语言输出做好准备。教师不妨尝试下面的教学活动，最大限度地发挥学生的主观能动性。

其一，交际运用练习。它的出发点是达意，能够用目的语将所指的意义传达清楚即可。

其二，培养交际能力的活动。它以得体的交际为出发点，其中包括很多与文化相关的信息，如社会互动规则。这两种活动都属于交际性互动活动，对培养学生的主动性和参与性非常有帮助。另外，在课堂教学中，教师对学生的积极态度，可以消除学生的焦虑心理和师生间紧张的情绪，促使学生自发地参与到课堂活动中。

六、分对象教学，建立良好的师生关系

在大学英语课堂中，这种现象非常普遍。同一个班级，不同的学生所接受的英语教育不同，自身的英语基础也参差不齐。在这种情况下，为了不打击学生的学习积极性，对于教师来说就要考虑如何平衡教学任务，既要保证基础较好的学生的学习内容，又要照顾基础较差的学生的要求。如果只顾及基础较好的学生，很快就会使基础较差的学生失去学习的信心，还会导致其兴趣下降。所以，在口语课堂中，做到分对象、有针对性教学很重要。

教师可以找不同的人回答难易程度不同的问题，尤其不要冷落那些学习较差的学生，可以为他们准备一些比较简单的问题，如可以直接从课本中找到答案的问题或是非判断题。

教师除了把授课对象进行分类，也可把不同类型的练习题按难易程度分类，还可以把同一种练习题，按内容的难易程度分类。教师应该根据学生的个体特点"因材施教""量体裁衣"。

建立良好、和谐的师生关系对口语教学、提高教学质量都非常有帮助。情感教育是建立和谐师生关系的基础。教师和学生只有在情感上彼此接纳，才能真正建立起平等的、相互依赖的师生关系。教师经常与学生交流可以有力地促进学生课内、课外独立自主的学习，更容易建立师生和谐的关系，推动师生间的支持与合作。教师只有真正尊重学生、理解学生的内心世界，才能激发学生学习的热情，增强他们的自信心。

七、设计教学活动，掌控教学效果

教师应当做好教学安排，确保在教学活动中能够及时有效的处理突发状况，保证教学任务的顺利进行。

不论何种英语练习形式，都要做到内容具体，要求明确，并有一定的灵活性，使学生有话想说，有话可说。活动开始后，教师要掌握进度，及时发现问题，随时为学生提供帮助。任务完成后，教师要对学生的情况做出评价。评价应以学生传递信息的总体能力、流利程度等具体的交际效果为基础。

老师在口语教学初期，可以先给学生提供可能会用到的单词、短语、句型等，引导学生在不同的情景和话题下自由地讨论。但是要意识到，在现实的生活中，说话的对象、说话的地点、说话的时间，甚至说话人的心情等等都是变量。在真正的交际活动中，语言交流是非常灵活的，一般不会进行事先的准备。因此，在练习时，教师要注意培养学生在模仿的基础上，进行创造性的表达。在学生达到一定的水平之后，教师还要训练学生即兴表达的能力。

发挥学生学习自主性与教学控制并不是矛盾的，它们是事物运动过程中矛盾双方的辩证统一。学生的自主活动要有一个限度，超过了这个限度就是放纵，而教师就是控制这个度的主体；教师的控制行为也要有个度，超过了这个度，教师的教学控制就成了限制。

在教学过程中，教师要善于对教学过程中的信息进行搜集、整理、分析，否则教学效果就要受到影响。组织反馈是评价学生语言运用能力的一个重要部分。如果没有反馈，学生还会犯同样的错误，阻止前进的脚步。通常可以这样做，学生纠正学生、教师纠正学生、学生自己纠正。反馈中，教师的任务是引导学生认识到错误，并及时纠正，给予正确的指导。而且教师的反馈一定要及时，效果才好。否则，时间一长学生就会忘记当时的活动，印象不深刻。

第四章 新时期英语口语教学的创新模式

本章从翻转课堂教学模式在英语口语教学中的应用、PBL 教学模式在英语口语教学中的应用和基于 SPOC 的混合式学习在英语口语教学中的应用三方面进行分析，探索新时期英语口语教学的创新模式。

第一节 翻转课堂教学模式在英语口语教学中的应用

一、翻转课堂教学的内涵及主要特征

（一）翻转课堂教学的内涵

翻转课堂（Flipped Classroom），通常也称为翻转教学、颠倒课堂、翻转学习、颠倒教室、反转教室、反转课堂、翻转教室等。对于学生而言，整个学习过程主要分为接受知识与吸收知识两个阶段。其中接受知识是指学生从外界接收到学习内容，吸收知识是指学生对于接收到的知识进行了知识内化，即吸收与消化。总的来说，先进行知识传授、知识感知，之后进行知识内化及知识深层理解。在传统课堂中，接受知识发生在课堂上，之后的吸收知识发生于学生在课后需要完成的作业或实践中。

对于翻转课堂而言，其主要内容就是需要学生在课前完成课堂知识，在正式上课的时候就需要由教师带领完成课后知识的理解与消化。对于翻转课堂而言，各种硬性的课前要求都不是翻转课堂最原始的规则，而是在之后人为添加修改的结果。

很多人对于翻转课堂的认识不足，翻转课堂主要是指在正式上课之前学生是需要真正地对课本上的内容进行深入学习，在进行深入学习之后，学生们各自的

观点就可以在课堂上真正地碰撞出火花，各自得到更深入的学习收获。

学生在课前就对新课程进行预习，对新知识有一定的初步的了解，后在翻转课堂上进行的学习就是为了对新知识进行深入的了解。教师录制的课前讲授视频需要对新的知识点进行比较详细的讲解，保证学生在观看视频时能够学习大部分知识，确保起到课堂讲授的效果。同时，学生的学习目标不应该流于表面，在课前积累问题与总结内容之后，学生之间可以在课上完成更加深入的讨论。翻转课堂与在线视频的区别在于翻转课堂主要是为了学生之间进行知识上的互动，互相查漏补缺完善学习内容，提高自身对知识的掌握程度。

（二）翻转课堂的主要特征

1. 教学资源的集成、全面、共享

教师教学工作的开展主要通过包括文本资源、图形资源、图像资源、动画资源、声音资源和视频资源在内的教学资源辅助进行。翻转课堂整合了分散的教学资源，为教学工作提供优质的服务，通过视频教学帮助学生方便且深入地掌握知识点。翻转课堂直接或整合利用网络优质教学资源，建构了由理论知识资源、实践经验资源和方式方法资源所构成的翻转课堂内容体系。

翻转课堂拥有大量的教学资源，主要表现为数量多、质量高，有着区别于传统课堂的教学模式的特点。翻转课堂的大量教学资源帮助教师更好地参考学生的兴趣完成教学任务。

在现代化数字教学中，翻转课堂教学模式极大地方便了教师教学与学生学习知识，对于众多教育资源的选择主要取决于教师的课堂规划，教师在准备教案时可以广泛选取有价值的教育资源进行整合，选择适合学生的教育资源。教育资源的数目众多、品类众多，极大地丰富了教学内容，保证了学习过程中的新鲜感与趣味性。

翻转课堂教育模式在教学过程中显示有一定的共享特性，教学资源的共享使得各教学资源对于学生来讲各有诉求，要及时且彻底地平衡各方面的关系，保证教学资源的纯洁性。

翻转课堂极大地方便了教师与学生授予知识与获取知识，在进行教育资源共享时，极为便利的知识的传递使得教师与学生关于教学内容的探讨更加方便与深入。在翻转课堂中，大量的教学视频使得学生可以自主选择需要的知识，个性化的设置方便了每个学生的知识获取，在翻转课堂当中，教师与学生可以从中获取大量的具有实用教学价值的资源。

2. 教学过程的自主、灵活、可控

翻转课堂可以使教师的教学过程更加灵活与方便，在教师的教授与学生的学习之间完成了平衡的掌握。数目众多的教学视频方便了不同学习进度的学生，充分保证了学生学习水平的进步。通过在课前观看教学视频，总结学生的问题，组织学生进行小组讨论完成对问题的解决，教师在解决问题中起到引导与最终决定的作用。

学生可以根据自身情况专门定制属于自己的学习计划，进行完全自主的学习。翻转课堂的一大成果就是可以充分发挥学生的主观能动性，避免了教师的"填鸭式教育"，学生主动建构知识框架，主动地进行知识学习。

二、翻转课堂教学模式为英语口语教学带来的机遇

（一）教学模式的转变

对于语言来说，首先进行学习，在熟练掌握之后输出学习成果，之后对输出效果进行总结归纳，这个步骤是一个语言学习的普遍过程。只有进行实践应用，在不断的锻炼中才能有效掌握。在较为传统的英语课堂上，教师的主要工作是讲述知识点，帮助学生理解，但是唯独缺少了学生练习使用语言的过程。对于翻转课堂来说则更加注重学生的语言实用练习，在课堂上组织各种活动锻炼学生的英语口语，在不断地练习当中提高学生的英语思维能力、英语理解能力、英语口语能力。

（二）师生角色的改变

在翻转课堂中，传统的教师与学生的关系发生了变化，教师不再是完全占主导地位的语言知识的传授者。教师的身份已经由一个完全的主导者转变为教学过程中的组织者、参与者与引导者，着重引导学生发挥主观能动性、主动汲取新知识、自主构建知识体系。教师的主要工作就是培养学生独立思考的能力以及发现问题并解决问题的能力。

（三）课堂互动时间的延长

教师可以组织学生在翻转课堂开始前，通过观看相关视频的方式了解学习课业内容，完成相应的学习要求，这就使得教师可以在课堂上有着足够的时间组织学生进行英语口语的交流练习，从而更加深刻熟练地掌握相关的语言技能。在教

师的引导下，进行课前预习的学生可以很顺利地参与到教学活动中，充分调动起学习积极性。通过翻转课堂，教师可以提前组织学生完成课程的学习并进行较为深入地了解，学生根据自己的疑难问题总结相关难题。

在翻转课堂上，教师组织学生以小组的形式进行讨论，根据不同学生的难题，小组内进行讨论与辩论，能够解决的难题统一意见并进行总结，不能够解决的难题需要进行汇总，之后请教教师。教师在翻转课堂上将自己的主导地位交给了学生，只起到引导的作用。对于学生的难题，教师可以在第一次告诉相关学生解决难题的方向，如果还不能解决就要将其作为典型难题在全班进行讲解。

三、基于翻转课堂教学模式的英语口语教学设计

（一）课前活动

1. 教师制作视频

在翻转课堂模式下，教师需要提前根据所教授内容制作口语教学视频，帮助学生课前预习学习内容。对于视频教学而言，为了充分调动学生的积极性，视频中应该选取一些比较贴近生活的、掺杂有流行元素的令人感兴趣的内容。

教师在录制教学视频的时候应当根据学生的喜好有选择性地进行录制，有助于调动学生学习的兴趣。教师在对视频的教学内容进行组织与修改时应当充分考虑到学生现阶段的认知水平，在框架内对相关视频内容进行处理。教学视频的内容有着较为严格的要求，英语语言的发音，相关语句的表达，为调动学生学习的兴趣应该提供具有冲突性的情景对话与注重发音的文章朗读。为保证学生的学习兴趣，教师在制作教学视频的时候应当有意识地添加一些幽默元素。

2. 学生自主完成学习任务

教师在制作完成教学视频之后，学生就可以通过相关平台进行学习，要有目的性地完成口语练习。在观看教学视频时，可以根据自身对于知识的掌握程度进行跳跃观看或反复观看，遇到无法自行解决的难题可以记录下来在课上与同学进行讨论或请教教师。教学视频的可重复观看特性对学生解决自己无法掌握的知识点、英语口语发音等方面的问题有着显著帮助，学生可以自主跟读教学视频中教师的口语发音，在多次重复观看学习之后学习发音技巧。

对于教师的教学视频当中的口语练习难度与数量应当有所选择，学生可以在一步步学习当中获取学习满足感。教师可以利用小游戏或其他形式的引导帮助学生获取进阶下一学习阶段的满足感。在课堂上的翻转课堂教学模式中，教师应当

有意识地引导学生进行口语表达锻炼，增加学生学习兴趣。

（二）课中活动

1. 师生共同确定问题

对于学生在教学视频学习阶段无法解决的问题，教师可以与学生一起共同讨论解决办法，根据特性问题总结相应的较为实用的解决办法，还可以组织小组内的学生口语练习。

2. 课堂口语输出练习

对于普通课堂来讲，一节课的课时为40或45分钟，课堂上的学生很难有机会亲自参与口语表达活动。所以说，教师在设计翻转课堂时应当尽可能多地设计英语口语练习形式，融入学生有兴趣的元素，充分调动起学生的学习积极性。教师在翻转课堂上要充分起到引导的作用，锻炼学生在课堂上进行口语交流。教师要根据教学安排、学生知识掌握效果采取多种教学策略帮助学生进行行之有效的口语练习。

（三）教师评价反馈

口语练习是一个日积月累的工作，所以教师对学生在英语口语学习中的成果应当主要从学习过程的表现来进行评价。教师对于相关评价的标准可以设计一份表格，评价内容包括视频教学阶段学生的表现、自我问题的归纳能力、翻转课堂上的表现、小组内进行口语练习时的表现等评价部分。教师利用对学生教学过程中的表现进行评价可以有效掌握学生的不足，方便之后对个人不足方面进行特定的引导，以保证学生能够完整掌握学习内容，熟练掌握相关知识。

在翻转课堂进行英语口语教学时，教师应当注意学生的英语口语学习程度，及时了解学生的英语口语学习状态，为学生指导方向，帮助学生更加高效地学习，有意识地培养学生的自主学习性。

四、翻转课堂教学模式在英语口语教学中应用的注意事项

（一）教学视频需要贴合学生的观看习惯

教学视频应符合学生的观看习惯，充分吸引学生的学习兴趣，调动学生学习积极性。这种教学视频的制作难度特别考验教师个人的教学能力、资源选择能力与视频制作能力。教学视频质量参差不齐，很大程度上是因为教师对于自己的教

学视频没有进行深层次的制作，只是将自己的授课内容录制上传，流于表面。真正的翻转课堂教学视频是需要教师花费较多心思的，比如对录制的授课内容进行二次剪辑，添加音效或具有幽默感的语音、文字，保证学生在观看教学视频时能够被充分地激起学习兴趣，未进行深度剪辑的教学视频，学生在观看时容易被大量无意义的内容分散注意力，严重影响学习效果。

教师在录制教学视频时应当有计划地控制时间、调整内容。在完全讲授知识点之后要选取合适的视频时长以保证学生可以有效地接受知识。教师应当履行义务，知识点的梳理与讲授应当合理，应当重视教学视频的清晰度与美观，应当保证教学视频的有趣生动，应当一如既往地保证高质量的教学内容。

（二）课堂活动需以学生为中心

课堂活动需要以学生为主体，为教学中心，教师在授课时应当确保以重点关注学生的知识薄弱点进行讲授。教师利用小组讨论的方法活跃课堂气氛，调动学生学习的积极性，激励学生在学习中发挥主观能动性，使得学生积极参与课堂上的活动，例如，口语演讲活动、小组间辩论活动等等。教师要有意识地将课堂交给学生，使得学生积极地参与到课堂中，在教学过程中充分调动学生学习的积极性和主观能动性。对于英语口语的教学，教师应当确保学生的英语口语使用率，组织多项活动锻炼学生英语口语，使学生在实践中学习。只有学生在学习中的观念改变，才能使得学生发挥主观能动性将学习知识的过程变得事半功倍。

第二节　PBL 教学模式在英语口语教学中的应用

一、PBL 教学模式的内涵与特征

（一）PBL 教学模式的内涵

PBL（Problem-Based Learning），即基于问题的教学模式，是指在课堂教育中教师只起到引导辅助的作用，一切以学生为主导，利用学生之间的小组进行学习。根据研究问题的深度的不同，PBL 教学又分为初级水平（base）、中级水平（extension）以及高级水平（advanced）三种。学生在自身掌握知识的基础上选择相应的教学模式，这种较为个性化的学习知识的方式可以有效地帮助个人进行事半功倍的知识获取。

PBL教学模式的核心是"问题"的分析与解决，指的是学生在学习过程中要注意发挥主观能动性。在学习过程中学生本人在掌握相关知识之后，可以通过与其他同学组成小组的形式讨论各自在学习中遇到的问题，并通过讨论与辩论的方式获取相关的解决办法。在讨论与辩论的过程中，完成自身的知识建构。

在不同方向上不同的学者有着不同的理解，但是归根到底基本内容是一致的。在这种教学模式下，课堂上的主导者就成了学生本人，根据教师的要求，在学习课程中，遇到了相应的问题就可以根据解决问题所需的知识点去搜集资料，寻找解决办法。

教师应该有意识地组织小组内学生进行相互配合解决相关难题，这种教学模式需要学生在一些较为复杂的问题中寻找答案，在小组间相互配合寻找答案时学生既锻炼了自己的问题归纳能力，又锻炼了自己的解决问题能力。小组内发挥学习主动性养成良好的学习习惯，在解决问题的过程中，通过与同学间的讨论与辩论，查找资料的过程理清了自己的学习思路，为之后的语言学习或者其他科目的学习打下坚实基础。

在学生组成的小组当中，不同学生之间可以根据自己寻找到的资料就相关问题提出解决办法，其他人若有不同意见可以与其进行讨论与辩论。这种办法充分地调动了学生学习的主观能动性，提升了学生学习的积极性，增加了课堂上学习知识的趣味性。

从PBL教学的情境、问题与效果三方面进行定义，PBL教学是在真实情境中，通过将情境与教学内容结合在一起，在解决问题的同时学会新知识与新经验。一种是从问题出发，通过一连串的问题，逐渐引导学生解决问题，使学生在解决问题的过程中学习新知识；还有一种就是从教学目的来说，培养学生获得知识、培养各方面技能、团队意识和解决问题的能力进行教学。

学生可以通过在解决问题过程中总结经验获取知识，这种从解决问题中获取知识的方法有利于自身实践能力和学习自主性的提升。教师可以在教学任务中设置问题，引导学生在解决问题的过程中学习新知识，坚持以学生为中心，充分调动学生学习积极性，培养学生主观能动性。

PBL是以学生为主体、以问题为起点，在解决问题中获取知识，将知识获得与知识应用结合，再由教师设置的情景模式中，通过小组讨论与辩论的形式完成学习与问题的解决，从而学习和巩固理论知识，提高学生解决实际问题的能力。

（二）PBL 教学模式的特征

1. 情境性和综合性

情境性与综合性指的就是教师在教学活动中组织学生深入某一情境并扮演当中的角色，在这一过程中锻炼英语口语能力，帮助学生更好地理解相关知识。学生可以在这一情境当中融入当时语境，根据自身的人设完成英语口语的练习，只有身临其境地锻炼英语口语才能更好地深入学习，提高个人的英语口语水平。

通过相关的情境模式激发学生的学习兴趣，引导学生主动探究相关问题的深度解释，通过由浅及深的问题解决逐渐掌握相关的知识点，在与同学关于相关问题的讨论与辩论当中激发了英语的思维能力，锻炼了英语口语的表达能力。在过去学习知识的时候，学生在大多数情况下是照本宣科地学习，"死读书，读死书"的后果就是完全不能熟练地掌握相应的知识点，对于语言来说尤甚。PBL 教学模式旨在帮助学生身临其境地学习，在相关语言环境下完成英语口语的学习，在不断的锻炼中真正掌握这一门语言学科。

2. 体验性和感受性

为了能够有效地学习相关知识，教师可以为学生提供一些较为理性的问题进行思考。学生可以通过这些问题与实际相结合，通过小组讨论，一起分析问题中的难点，分析问题、解决问题，获取相应的启示。根据这些问题发现新的问题，解决新的问题，建立一个属于自己的知识结构，形成一个属于自己的问题解决策略。在 PBL 教学模式下，教师组织学生进行以小组为单位的学习与讨论，学生之间通过查阅资料等方式协同合作完成学习中个人难以克服的难题。在讨论过程中，参与讨论的学生通过自己的思考能够完整地建立起自己的知识体系架构。

3. 探索性和创造性

为了培养学生的学习兴趣，教师在教授课程时可以引导学生主动探究问题的本质，和同组的同学一起通过对问题的讨论与辩论领悟其中的关键，充分发挥学生的求异思维能力，在解决问题时尝试多个方面进行解决，使每一个学生的主观能动性都能被培养，充分调动起学生学习的兴趣。教师应当积极引导学生对于问题的探索，在课堂上鼓励学生积极地探究问题并解决问题。

对于学生来说，发挥主观能动性探索问题是值得的，是能够培养相关的英语语言思维的。对于不同的难题使用不同的解决办法，既锻炼了逻辑思维能力，又锻炼了英语口语能力。在探索并解决问题的过程中，通过与小组内同学合作，在意见不同时使用英语口语进行讨论与辩论，在寻找解题方法时查阅资料，在解决问题的过程中提高团队协作能力，既能锻炼学生的英语口语能力，又能锻炼学生的英语思维能力。

4. 主体性与过程性

PBL 教学模式是基于学生对问题情境的直接体验和感悟进行的，所以，教师要有意识地在教学中组织学生自由提问，充分体现学生的主体作用。教师在教学过程中起到了引导的作用，帮助学生找到解决问题的途径。引导学生的思维向预定的目标发展。在 PBL 教学模式下，教师要有意识地组织学生发现教学中的问题，在小组中提出自己发现的问题，小组成员一起进行讨论，直到最后解决问题。要充分显示学生在教学工作中的主体作用，在教学中对于学生主要以引导为主。

学生应注重分析和解决的过程，尤其是这一过程中学生对问题的感受和体验。教师应重视对课堂教学中"问题"的引导，及时指导学生培养问题意识，引导学生发现问题、解决问题，发挥自己的主观能动性，有效地帮助学生深刻地了解课堂知识。教师要做到统筹管理，及时发现学生存在的问题，在有限的范围内给予学生关于该问题的引导，使得学生能够充分认识到自己的问题并且依靠自己及时改正。

5. 实践性与开放性

这种教学模式包含实践性与开放性。引导学生接受知识的过程，也是知识内化、能力形成的过程。培养学生独立思考、分析探究、判断的能力，在合作中解决问题。教师应当引导学生而不是束缚学生，教师在提出问题之后，学生在问题探究的过程中可以采取团队协作、查找资料等方法。教师要注重培养每个学生本身个性的发展，培养其主观能动性。在进行教学时，教师应当主动引导学生发现问题并解决问题，要注重培养学生的逻辑思维能力。在现代化的教学活动中，教师应当尊重学生的个性，以一个开放、自由的心态包容他们。在情景模式当中，引导学生进行英语口语与英语思维能力的锻炼。对于 PBL 教学模式来说，这种模式充分尊重学生的个性发展，这种模式下的每一部分都具有包容性，以最包容的姿态引导学生在学习中个性化发展。

二、PBL 教学模式在英语口语教学中应用的优势

在现实生活中，由于没有相应的语言环境，学生们在学习的过程当中难免出现偏差，如部分学生的英语应试能力强，但口语表达能力却相对较差，甚至无法用英语与他人进行正常交流。语言的存在本身就是为人与人之间的交往、交流提

供便利，若学习英语仅为了应付考试，那么英语学习就不再有价值。所以英语教师主张实行新的教学模式，提高学生的口语表达能力。

PBL 教学模式通过为学生创建一个语言环境，并设置各种开放的、有意义的问题，其优势主要为以下几点：

（一）培养学生自主性思维能力和批判性思维能力

对于孩子来说，求知欲是旺盛的，认识世界、探索世界是需要被鼓励的。有问题并提出来是一个人对某项事物兴趣的开始。教师应当鼓励学生充满求知欲，主动归纳学习中的问题，之后在小组中进行讨论与辩论。

教师在对学生的话题讨论评价应该是全面且细致的，教师要有意识地组织学生一起评估各组的话题讨论结果，发现不足，总结错误，引导学生发现更好的结果。只有通过不断地锻炼与使用才能够充分发现自己的不足并及时改正，在实际应用中提高自己的英语思维能力与英语口语能力。

在教学过程中充分调动学生学习的积极性主观能动性。对于英语口语教学，教师应当确保学生的英语口语使用率，组织多项活动锻炼学生的英语口语，使之在实践中学习。

PBL 教学模式能让学生学以致用，将学生置于一个真实的情景当中，通过提出问题，引导学生进行思考，并能让学生回想起之前所学的知识，将以往知识与问题进行联系，从而提高学生的思维能力以及语言知识的运用与表达能力。

（二）提升跨文化交际能力和合作能力

跨文化交际是未来一项比较重要的技能，教师在教学活动中要有意识地培养学生的语言交际能力。其中利用小组内部学生之间的讨论与辩论可以提升学生的语言交际能力，还可以锻炼学生个人的口语。跨文化交际能力主要通过学生之间的实用英语口语进行沟通锻炼，在长时间之后，跨文化的交际能力必定突飞猛进。对于跨文化的合作能力则需要在情景模拟当中使用不同身份进行交流，不同身份的合作情况可以有效地锻炼跨文化的合作能力。

（三）语言使用真实性

要注重学生在英语口语学习中的语言使用真实性，主要可以通过模拟真实环境完成角色扮演锻炼语言的使用能力。教师可以设置相关要求，组织学生之间根据相关场景、相关人设、相关问题进行交际，这种方法有助于激发学生的学习兴趣，充分调动学生的学习积极性。

教师应当有意识地引导学生锻炼自己的英语口语能力，教师可以为学生提供一个较为合适的场景，在该场景中组织一个或多个学生进行场景模拟的口语练习。这种口语练习的优点在于学生可以身临其境地感受到语言的魅力，在使用英语口语进行交谈的时候，能够更加深入地了解英语口语相关语法、短句的应用。

（四）调动学生学习积极性

在 PBL 教学过程中，教师不再处于主动、主导地位，也并非知识的传播者，而是引导者与管理者，学生则处于主体地位，获得更多的主动权，并能根据自己的兴趣决定英语口语学习的内容及学习的方式。为能尽快完成口语学习任务，学生会自主制订计划、独立或合作进行研究，这种教学模式极大地调动了学生英语口语学习的积极性。

三、PBL 教学模式在英语口语教学中应用的具体环节

英语教师应对当前 PBL 教学模式进行分析，并结合英语口语制定合适的教学目标。在进行课堂教学之前，教师必须要对课程的内容进行深入了解，并据此制定出合适的教学方案，同时，应提前列出相关的问题以供学生思考与解决。

PBL 教学过程主要分为三个环节：

（一）创设问题情境

英语教师将班级学生平均分为若干组，将英语基础较好的学生与英语基础较差的学生分为一组，每组 5~7 人即可。随后，在进行课堂教学之前，教师将事先已经设计好的问题发给学生，让学生在课后查阅相关的资料，并做好笔记，为英语口语课堂教学做准备。教师设计的问题不宜过于晦涩难懂，必须要与课文内容相关，且贴近现实生活，从而提高学生参与热情。

（二）分析情境

待学习方案已经确定后，教师要求学生独立进行思考，小组内部进行讨论，编写英语对话。但是由于每个学生的经历不同，在进行英语口语交际时难免会受到限制，且对待问题的看法因生活背景、家庭经历的不同而有所差异。

在进行情境分析的时候，英语教师在小组之间进行倾听与巡视，在发现某一个小组发生主题偏离的情况时，应及时进行引导，帮助学生回归主题，调和小组内部之间的分歧与矛盾，但要把握适度原则，并鼓励学生利用图书馆、互联网资源查阅相关资料。

（三）模拟与分析

查阅相关资料后，各小组可通过情景模拟汇报学习的成果，教师应认真观摩学生模拟的情景，并做好相应的记录。学生表演结束之后，再由一位学生采用PPT的方式列出角色之间对话，并详细阐述本组学生对问题的认识与看法。

在完成情景模拟之后，教师应当及时对其进行总结。一方面，肯定学生的表演与努力，并指出其中的不足，尤其是学生的英语发音、英语句式中存在的问题，帮助学生纠正语法、句式以及英语发音的错误，让学生在不断的练习与反思中取得进步。另一方面，教师应结合现实生活对学生阐述做出点评。

在情景模拟练习结束之后，学生要根据教师的总结反馈完成自身的修正，合适的教师总结可以激发小组内学生的学习兴趣。对于教师与学生来说，反思是一个比较重要的课题。对于教师来说，在教学工作当中学生是不是按照自己的要求进行错误修改，在授课中学生是否接收到了全部知识都是需要思考的。情景模拟的作用就是创造一个较为真实的环境，在这个环境中能够更好地锻炼学生的英语口语与英语思维。对于学生来讲，吸取教师与同学的意见与建议可以帮助自己在英语口语学习中少走弯路，提高学习效率，及时反思自己的英语口语是否发音标准、语法是否有错误。在不断地发现问题与改正问题当中，汲取更多的知识。教师对于学生的评价要是全面的，不仅要对结果进行评价还要对学生在模拟过程中的表现进行评价。

PBL教学模式的英语口语教学，可以有效提升学习者的口语表达能力，还可以锻炼独立自主的思维能力。在以往的英语教学当中，教师完全占据传递知识的位置，学生只能听，无法有效地参与到课程当中，这也就导致了学生口语表达能力的不熟练。

没有一个良好的英语口语环境，教师在面对大部分学生时也无法提供足够的反馈，致使没有得到重视的学生不再有兴趣进行学习，之后就是恶性循环。为了引导学生更好地学习英语口语，教师在课堂上应当有意识地多组织英语口语练习活动，安排小组进行辩论或者小组内部进行情景模拟，在模拟的环境中帮助学生更好地感受英语口语的魅力，培养学生的英语逻辑思维能力。

在PBL教学模式中，教师严格注意学生的英语口语环境，坚持课堂上以学生为主导，培养学生独立自主的学习能力。自由组建小组，小组成员对难题进行讨论，查找资料自行解决，构建属于自己的知识体系。

国内的教学活动吸取了PBL教学理念，结合传统教育的优点，丰富了课堂内容。根据本国国情对该教学理念进行本土化的改造，使之完全适应本国的教育环境。在这种特色教育模式下，通过 PBL 教学模式，不仅能提高学生的英语口语水平，还能深化学生对某些现实问题的看法与认识，从而实现教育的教化作用。

第三节 基于 SPOC 的混合式学习在英语口语教学中的应用

一、SPOC 混合式教学模式的内涵

SPOC（Small Private Online Course）小规模限制性在线课程是 2013 年加州大学伯克利分校的阿曼德·福克斯教授提出的理念，旨在弥补 MOOC 辍学率高、教学方式单一、互动效果不佳等方面的不足，将优质 MOOC 资源本地化或本校化。

SPOC 模式可以帮助学生弥补课堂上无法掌握知识点的遗憾，线上与线下两种教学模式进行结合，实现优势互补。双方的优点互相结合，既能通过教师进行线下的监督，又能通过线上发挥学生的主观能动性。使得学生由被动学习转变为主动学习。现阶段，国内的教育者也在学习这种教学模式。

二、SPOC 混合式教学模式的优势

SPOC 教学模式结合网络资源库以及学校内部的教学资源，有着丰富的学习资源。

SPOC 教学模式改变了教师与学生之间的关系，通过对日常生活中诸如微信、微博、SPOC 学习课堂等诸多媒体软件的整合，帮助教师优化教学模式以及帮助学生获得更好、更方便的学习途径，还有利于获得之后的学习反馈。

教师不再作为主导者出现，而是成为课堂中的协助者与引导者，一切的学习主要依赖学生的主观能动性。以往，教师的授课方式为黑板教学，学生参与度不高，只作为聆听者出现，疑难问题无法及时解答，因此学习意愿不强。

SPOC 改变了以往的学习状况，将学生转变为课堂上的主导者。学生在身份转变之后更能充分发挥主观能动性，与教师之间的关系更加和谐。教师与学生之间充分配合，使好的课堂效果得以实现。

该种模式的兴起对传统的教学模式和理念进行了创新。在以往的教学中，学生没有课前预习的任务，在课堂上只听取教师讲课，教师无法充分掌握学生学习

程度，所以在课后学生的课堂反馈并不太好。

SPOC 使用多媒体教学的方法，使得学生可以在线上学习相关知识，有助于学生在预习之后在脑中建立自己的知识框架，有助于学生在教师课堂授课时积极参与、理解相关知识点。

在传统教育环境中，教师主要关注于理论方面的学习，并不重视学生的口语学习，也不会为了学生组织相关的口语练习。对于这种功能性的语言，应当加强重视程度，为培养全面性的人才，英语口语的学习十分有必要。

SPOC 混合式教学模式充分利用了各种各样的学习资源，学生可以充分发挥学习主动性，在线上线下并存的模式下完成学习任务。

三、SPOC 混合式教学模式在英语口语教学中的探索方案

（一）把握 SPOC 教学模式的主要构成部分

英语口语在当今社会越来越重要。使用 SPOC 英语口语教学可以有效帮助学生的学习。SPOC 教学模式主要由学习管理系统、知识管理系统、虚拟教室系统以及在线考试系统构成，每个系统都有其独特的作用。学习管理系统主要帮助辅导学生的学习状况。

在这个系统中，师生之间可以进行交互，学生在利用平台的学习资源的同时平台也会详细记录学生的学习状况。

知识管理系统主要帮助学生在网络上搜索相关学习内容，以确保学生学习到的内容是全面且具体的。另外一方面，虚拟教室系统的主要功能就是利用平台来为学生创建学习空间，学生在这里通过多媒体学习并接受教师的辅导教学，达成自主学习效果。

在线考试系统主要是让学生对自己最终的学习情况进行检测，这个系统所摘录的题目都是智能挑选的，有一定的科学性。

英语教师可以依照 SPOC 制订详细学习计划对学生进行口语训练，学生可以在平台上完成口语的练习，教师可以实时检测到学生们的学习状况。另外，教师还可以让学生在线上完成口语互动，发现错误之后督促学生改正。

（二）在 SPOC 教学模式的引导下根据学生差异制定教学方案

在进行英语口语教学时，教师不仅可以进行口授教学，还可以利用课程资源库引导学生们在课前完成学习，教师在课上引导学生解决问题。

资源库中素材丰富，教师可以选取相关的情景扮演内容引导学生完成，增加课堂的趣味性，提高学生对于英语口语学习的兴趣。教师还可以引导学生在资源库中寻找适合自己的口语学习素材并在小组或班级内进行分享。

教师就是要将自己所掌握的知识传授给每一个学生，但是由于每个学生并不是完全相同的，每个人的学习能力与接收能力互不相同，在英语学习当中水平也是参差不齐，有着较为明显的差异。

教师可以通过 SPOC 教学模式引导学生在这个平台自主学习，努力缩小自己与他人的知识差距，为基础较差的同学指明道路。利用小组讨论的方法活跃课堂气氛，调动学生学习的积极性，激励学生在学习中发挥主观能动性，使得学生积极参与课堂上的活动。

教师要对一些英语基础比较差的学生有耐心，可以为他们寻找一些较为基础的口语练习材料，学生在学习完素材之后观看相关视频，对照视频一点一点地完善自己的基础，补全自己的短板。教师要对学生的学习状况进行稳步跟进，及时引导他们进行下一步的学习，避免再次落后。

对于教师来讲，重点培养学生对于学习的兴趣是最重要的，学生只有对英语口语学习有兴趣才能够发挥自己的主观能动性，依靠着自己对于学习的积极性完成英语口语的学习。

在教学过程中，教师要提前找到学生的兴趣点，从学生感兴趣的地方入手，活跃课堂气氛。教师可以根据学生不同的兴趣爱好引导学生在课堂上运用不同的表现效果在课堂上进行展示。

对于不同的高校的英语口语来讲，每所学校的突出点与侧重点不同，所以说在一些专业上每个专业对于英语的要求也不同。同样，同一所高校的不同专业对于英语的要求也是不同的。

如果所有的专业都在 SPOC 教学模式下进行相同的教学计划，那么最终呈现出的教学效果将会是极其糟糕的。

四、SPOC 混合式英语口语教学设计

（一）课前线上自主学习阶段

在课前线上自主学习阶段，教师可以在该平台上推送相关的学习资源内容，学生在得到明确的预习内容之后要开展相关的学习任务，对于文字资料进行反复阅读直到熟练，对于音视频资料进行反复收听与观看，掌握英语相关句型与知识

点，有了这些准备就可以在课上更加熟练地掌握教师所讲的知识点，增强学习的信心，减少焦虑。

教师还可以选择一些对英语学习、英语口语练习有帮助的影视资源或者视频资料组织学生观看，激发学生的学习兴趣。学生应注重课前学习的过程，尤其是这一过程中学生对问题的感受和体验。

这些视频资料的作用就是帮助学生开拓视野，扩大知识面，为学生营造英语口语学习的语境。学生还可以在线上以留言等形式与教师或同学进行交流，教师也可以在线上即时解答学生的问题。

（二）课堂线下展示交流阶段

在完成教师规定的线上学习之后，教学内容转为线下。学生在线上进行了充分的学习与讨论，有疑难问题还可以咨询教师，在掌握了相关知识点后就可以在线下进行深入的学习。

教师可以根据平台上对于学生学习情况的统计制订相关的教学计划，在课堂上时，教师根据数据统计有针对性地对课前进行预习时学生的问题进行统一的讲解，帮助学生深入地学习了解该问题所代表的知识点，讲解重点与难点，帮助学生进一步吸收知识。

在进行线下课堂时，教师可以选取课前完成任务中较为有代表性的作品，依次为例进行点评。学生在课前进行预习已掌握大部分相关知识点，教师可以组织学生以小组的形式进行讨论，小组成员间进行口语的交流练习，巩固自己所学的知识点。

在对英语口语进行学习时，线上与线下的侧重点不同。线上主要是学习基本知识以及完成一些基本练习。线下则更为深入，主要是组建小组进行学习，教师要在小组进行讨论的时候在教室里四处走动，检查学生是否在做这个互动，并在适当的时候提供相应的引导，为被难题困扰或偏离主题的学生指点迷津，此举主要是为了深入学习，与同学之间以小组的形式完成讨论与辩论，锻炼学生的口语能力、协作能力等。

（三）课后线上知识巩固阶段

想要掌握一门语言，只有通过不断实践才能真正掌握。教师可以通过设立口语练习情境组织学生在课堂上或者课后以小组为一体进行规定场景的内容创作与排演。学生完成之后在本班级学习平台上提交相关作业。教师在批改完成之后将优秀的作品分享到班级当中。

教师在批改过程当中主要看的是学生的观点，对于一些语法或发音方面的错误是可以酌情原谅的，不应过多地苛责。教师要支持学生发表自己的观点，引导学生进行一些较为清晰的语言表达，增强学生的自信心和成就感，从而有效提高学生的口语交际能力。

（四）构建完善的评价体系

高职英语口语教学在 SPOC 的混合模式下实现了对学生学时状态的动态管理，在这类模式下教师可以从线上与线下了解学生的学习状态，还可以及时了解学生的英语口语能力。

对学生本人会有线上与线下两套评价体系，其中线上的评价内容包括学生在线学习时间以及相关的考察内容完成情况，线下的评价内容包括学生的平常出勤情况与课堂上参与讨论的情况，最后还包括期末的英语口语测试成绩。

利用这些评价方法，教师可以有效地为学生提供学习上有针对性的辅导，也可以帮助学生本人及时发现自己的不足，并且根据相关要求养成良好的学习习惯，提高自己学习的主观能动性。

第五章　英语口语测试研究

对教学成果进行检验最有效的办法就是组织测试。在完成一阶段教学任务之后测试学生的本阶段学习成果，测试不只是对上一阶段成果的检验，也是对下一阶段教学方向参考。

本章主要对英语口语测试进行研究，其中包括口语测试的特点及分类、国内外重要的口语测试、口语测试的题型与评价和口语测试备考策略分析等。

第一节　口语测试的特点及分类

在进行口语教学中也需要进行口语测试，但是由于口语测试中考官的个人主观因素太强、评估时需要考虑的影响因素过多等原因使得口语的发展太过缓慢。通过了解我们知道当前口语测试并没有普及到英语教学当中，现在绝大多数英语考试只考察听力与读写。

对于英语口语能力来说，口语测试是必然要有的测试途径，这种测试方法有助于培养与选拔人才。在新时代，众多公司对于职员的要求中就包含口语表达能力这一项，所以说各大高校应该在英语教学活动中增加一条口语测试，以保证能够为全社会输送具有口语能力的人才。

一、口语测试的特点

口语测试与笔试不同，有着较为显著的特点。

（一）即时性

口语测试有很强的即时性。对于考生来讲，进行答题时要保证心中有数，使得进行口试时语句通顺，不会因为紧张忘词。对于考官来说，更是需要聚精会神，在连续面试多位考生之后难免心情焦躁，这种情况下就更要反复斟酌，不要因为自身的原因影响考生的评分。但是对于考官来说，这种即时性的语言考试必须要及时做出反应给考生打分，这就给了考官巨大的心理压力。因为即时性的得分评价存在一定的弊端，考官的心理状态在一定程度上影响着学生的分数。

这种情况带给考官很大的工作压力与心理压力，所以说在这种考试中会配备录像机，保证将考生的各方面反映记录在摄像机中。使用摄像机是为了缓解考官的工作压力。

（二）互动性

在进行口语考试的时候，考生和考官之间进行单向或双向的交互的沟通，考官与考生进行配合完成考试。一般情况下，考官提出问题，考生要根据考官的问题进行作答。就算是考官不参与互动，仅仅由考生完成考试内容，在考生答题的时候还是会观察考官的反应，根据考官的反应对自己答题的速度等因素进行调整。

（三）不确定性

对于需要面对面进行互动的英语口语测试来说，考生的测试结果很大程度上取决于测试过程中考生与考官的互动交流。首先是口语测试中的话题，对其熟悉与否都会使得考生在回答过程中拥有不同的表现；其次是考官的个人态度，热情友好或是冷漠严厉，各种不同的外在表现会使得考生提供不同的反馈，从而影响考生在测试过程中的心态与测试效果。

（四）直接性

口语测试是一种直接测试。在进行口语测试的时候，测试人员或者说考官会为考生准备某一个生活化的场景，引导考生在这种语境下完成考试任务。这种测试的优点是，越是贴近生活的场景越能够测试出考生的真实水平。在进行这种测试的时候考生要根据考官的要求尽量认为考场是一个考官提出来的生活场所，在这个生活场所中能够真实地反映出考生比较正常的英语口语水平。

（五）主观性

口语测试属于主观型测试。口语考试中，不同考生所得成绩有一部分会因为考官的个人主观看法而得到较为不公正的评分，因为口语考试的考官进行评分时会有相当一部分的主观评价。这部分主观评价受方方面面的影响，例如考生某种行为使得考官对其印象不好等。实验表明，不同的评分员对同一结果更有可能给出不同的判断。

二、口语测试的类型

根据不同的标准，口语测试可以划分为不同的类型。

（一）开放型和控制型

口语测试可以分为开放型和控制型两类。

1. 开放型

开放型的口语测试指展现考生的语言技能，考生有相对较高的自由度。常见的有汇报和简要的、以功能为主的行为。开放型的口语测试任务可以分为多种不同类型。基于各种功能或目的，考官可以要求考生完成相应的口语任务。

2. 控制型

控制型口语任务一般情况下答案较为简短，属于有多种选择的任务。这种测试较为方便考生与考官，虽然不太可能将口语的不可预测性和创造性评估出来，但是答案唯一，考官打分简单，考生得分不太会因考官的主观偏差，较为公正。

（二）结构主义口试和交际口试

口语测试可以根据时间的发展进程分为结构主义口试和交际口试。这两类口试主要是受其所处阶段的主流语言观或者教学观的影响。

1. 结构主义口试

结构主义语言学认为：语言是由语音、词汇、语法构成的一个系统，而这个系统可以分解开来，相应地，也可以设计离散的题目对学生进行分项测试。结构主义口试旨在测试说的分项技能，主要测试口语形式的准确性和技能的熟练性，对于交际任务的完成情况关注不够。

在进行结构主义口试的时候有很多的测试题型，包括朗读与复述、补全对话、看图说话等，在考试过程中重点考察语音语调、词汇、语法、流利程度和内容五个方面。考察完成之后进行打分，考官在本场考试中的作用仅作为倾听者与评判者。在双向单回合对话中，考官与考生之间进行一问一答，前后问题无必然联系。

结构主义测试虽然没有充分重视交际的效果，但是也在客观上推动了口语测试的发展。20世纪80年代中期，交际教学法的兴盛使得交际口试越来越有影响力。

2. 交际口试

交际法理论指的是使用一门语言在某种情况下进行有效的交际，完成交代的交际任务。所以说交际口试更注重语言的社会交际功能、得体性和有效性。交际口试考察的内容极为全面，考试的方式也多种多样，主要形式有面试、讨论、情景模拟下的角色扮演等方式。

在进行交际口试的过程中可以是两个考生之间的交际，也可以是考官与考生之间的交际，甚至可以是多个考生之间的交际。交际口试不同的等级有着不同的评分标准。

（三）直接型口试、半直接型口试和间接型口试

口语测试可以分为直接型口试、半直接型口试与间接型口试。直接型口试指的是考官和考生面对面地进行交谈，考生之间进行交谈等考试方式。半直接型口试指的是借助录音磁带完成的考试。间接型口试即通过笔试考学生的口语掌握程度。下面将简要介绍一下这三种口语测试的模式。

1. 直接型口试

直接型口试指人为引导设置考生的实际语言运用情景及使用过程，考试内容为提供一个反映所测试语言运用情景的真实的口语样本。直接型口试的形式有讨论、对话、面谈、填表及问答。其中，面谈是直接型口语测试最典型、最有效的形式。直接型口试的优点是：

（1）在考试过程中考官可以与考生进行实时交互，通过对考生的观察判定考试结果。

（2）如发现考生声音太小或者说得太少，可直接干预。

（3）考官与考生面对面能够及时发现考生的优点与缺陷。

与此同时，它也有一定的缺点，比如：

（1）这种一对一的考试方式会极大地消耗考官的精力，费时费力。

（2）考官个人水平参差不齐。

2. 半直接型口试

有一些情况因为考官较少但是考生很多，往往会采用半直接型口试的方式。即把事先准备好的测试内容录在磁带上，让考生根据磁带上的指令完成测试任务。在测试结束后，把磁带统一收集起来评判。在考试的过程中，录音效果好，可以增加试题种类，在样本量极大情况下更能发现考生的真实水平。这种口试方式的优点是：

（1）实施时，省时、省力、效率高。测试在语音室进行，对人力的需求量不大，同时测试的费用也相对地降低，可谓"省力"。

（2）在考官本身水平有差别的情况下，考生的成绩会受到影响，可以采用半直接型口试的方法，从而最大限度地保证测试的质量。

（3）考生面对录音设备时不会像面对考官本人那样紧张，能够最大程度减小影响，并且在评分过程中，考官可以再次评估学生的表现。

但是这种评判方法也存在着一定程度上的困难。主要表现为最终评分时要消耗大量的人力、物力和时间。而且，人与人之间进行交流时会进行除语言方面的交互，这种情况就是以录音为考试形式的弊端。考官在听录音带评分时可能会因无法观察到考生的非语言现象而出现评判失误。同时，它有操作上的不灵活性，即没有办法回应考生的回答。

3. 间接型口试

间接型口试不要求很高的卷面效度，它指的是利用笔试测试考生的口语水平，通过各种题型判断考生的口语水平。

测试口语没办法完全检测出考生的口语水平，很多情况下考生是会写不会说，大型托福考试中经常出现此类情况，大学英语的四、六级口语测试也存在同样的问题。因此，测试中增加口语测试势在必行。同时，要从学生要求和教学实际出发，有必要发挥口语测试良好的反拨效应，促进不同英语水平的学生共同进步。

第二节　国内外重要的口语测试

一、国内影响较大的口语考试

国内影响较大的口语考试主要有大学英语四级考试口语考试、大学英语六级考试口语考试、英语专业四级口语考试、英语专业八级口语考试、全国英语等级考试。

（一）大学英语四、六级考试口语考试

大学英语四、六级口语考试首先于1991年1月和5月在北京、上海、南京和广州4个城市进行试点，自本次之后大学英语四、六级口语考试的考试规模不断扩大，最终在2000年11月开展全国范围内的考试。

随着时间的推移，大学英语四、六级考试加快了改革步伐，公众也逐渐意识到英语口语的重要性，大学英语四、六级口语也拥有了越来越重要的地位。从 2005 年 6 月起，大学英语四、六级考试开始改革，重点考查学生英语实际应用能力，取消了考试证书，改为发放成绩单，分数也由原来的百分制改为满分为 710 分的标准分制。现在的四、六级口语考试分别设置在每年 5 月和 11 月、6 月和 12 月，考生只要完成笔试报名就可自主选择并有资格报考同级别同一考次的口试。

大学英语四级口语考试内容及流程如图 5-1 所示。

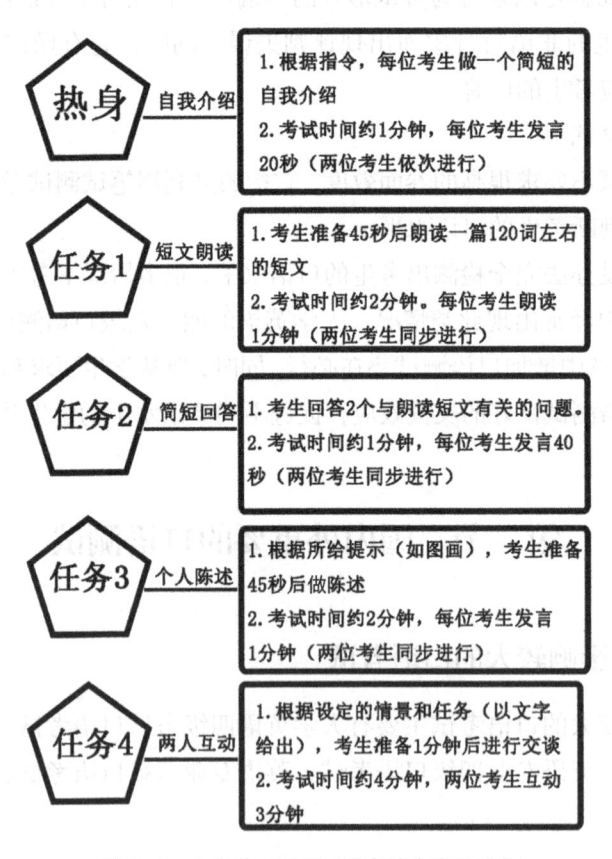

热身 自我介绍
1. 根据指令，每位考生做一个简短的自我介绍
2. 考试时间约1分钟，每位考生发言20秒（两位考生依次进行）

任务1 短文朗读
1. 考生准备45秒后朗读一篇120词左右的短文
2. 考试时间约2分钟。每位考生朗读1分钟（两位考生同步进行）

任务2 简短回答
1. 考生回答2个与朗读短文有关的问题。
2. 考试时间约1分钟，每位考生发言40秒（两位考生同步进行）

任务3 个人陈述
1. 根据所给提示（如图画），考生准备45秒后做陈述
2. 考试时间约2分钟，每位考生发言1分钟（两位考生同步进行）

任务4 两人互动
1. 根据设定的情景和任务（以文字给出），考生准备1分钟后进行交谈
2. 考试时间约4分钟，两位考生互动3分钟

图 5-1 大学英语四级口语考试内容及流程

大学英语六级口语考试内容及流程如图 5-2 所示。

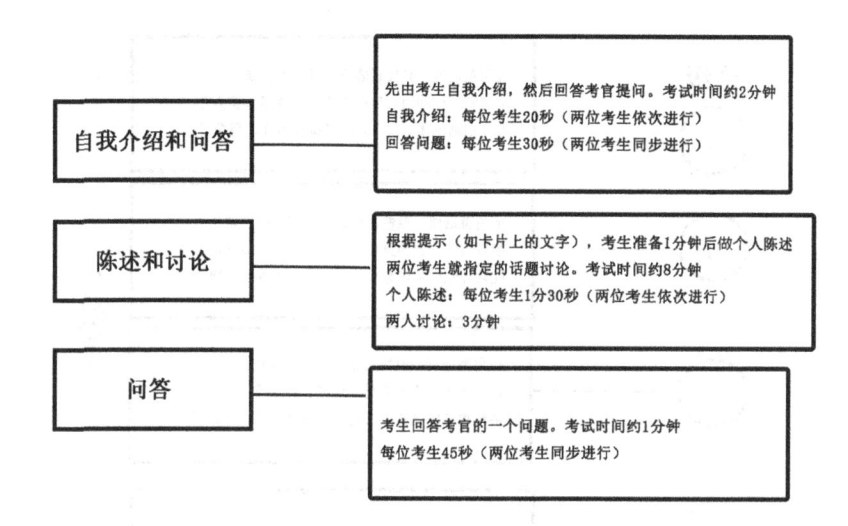

自我介绍和问答
先由考生自我介绍，然后回答考官提问。考试时间约2分钟
自我介绍：每位考生20秒（两位考生依次进行）
回答问题：每位考生30秒（两位考生同步进行）

陈述和讨论
根据提示（如卡片上的文字），考生准备1分钟后做个人陈述
两位考生就指定的话题讨论。考试时间约8分钟
个人陈述：每位考生1分30秒（两位考生依次进行）
两人讨论：3分钟

问答
考生回答考官的一个问题。考试时间约1分钟
每位考生45秒（两位考生同步进行）

图 5-2　大学英语六级口语考试内容及流程

大学英语四级的评分标准如图 5-3 所示。

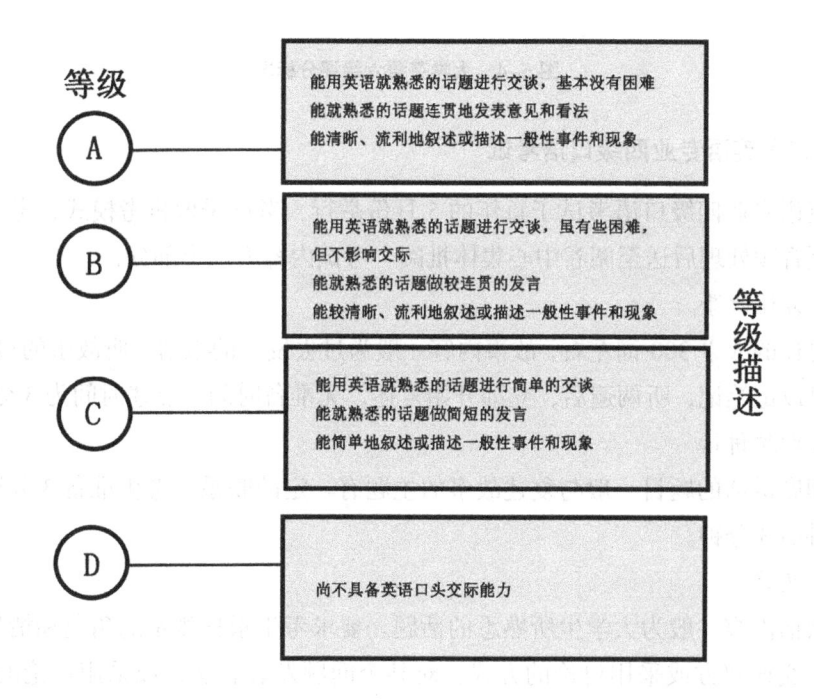

等级 / 等级描述

A：能用英语就熟悉的话题进行交谈，基本没有困难
能就熟悉的话题连贯地发表意见和看法
能清晰、流利地叙述或描述一般性事件和现象

B：能用英语就熟悉的话题进行交谈，虽有些困难，但不影响交际
能就熟悉的话题做较连贯的发言
能较清晰、流利地叙述或描述一般性事件和现象

C：能用英语就熟悉的话题进行简单的交谈
能就熟悉的话题做简短的发言
能简单地叙述或描述一般性事件和现象

D：尚不具备英语口头交际能力

图 5-3　大学英语四级评分标准

大学英语六级的评分标准如图 5-4 所示。

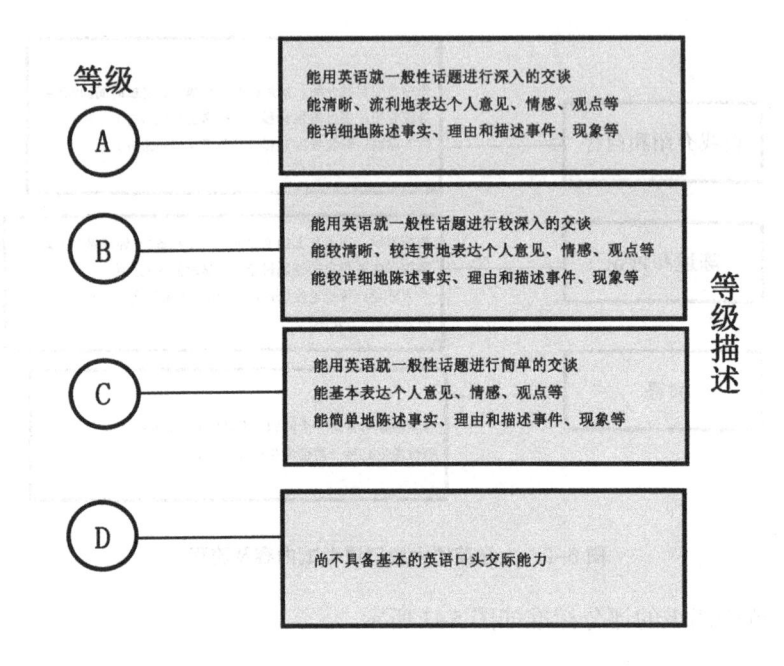

等级　　　　　　　　　　　　　　　　　　　　　　　　　等级描述

A　　能用英语就一般性话题进行深入的交谈
　　　能清晰、流利地表达个人意见、情感、观点等
　　　能详细地陈述事实、理由和描述事件、现象等

B　　能用英语就一般性话题进行较深入的交谈
　　　能较清晰、较连贯地表达个人意见、情感、观点等
　　　能较详细地陈述事实、理由和描述事件、现象等

C　　能用英语就一般性话题进行简单的交谈
　　　能基本表达个人意见、情感、观点等
　　　能简单地陈述事实、理由和描述事件、现象等

D　　尚不具备基本的英语口头交际能力

图 5-4　大学英语六级评分标准

（二）英语专业四级口语考试

英语专业四级口语考试于每年的 5 月份举行，考试采取机考模式，考点将考生答题音频处理后送至阅卷中心集体批阅。考试内容为三个部分：

1. 复述故事

复述的故事 300 词左右，故事内容一般为过去发生的事情。听故事的过程中，考生可以记笔记，听两遍后，立即开始复述，无准备时间。复述时间为 3 分钟。

2. 即席讲话

即席讲话的题目一般与复述故事的主题有一定的联系。考生准备 3 分钟，后即席讲话 3 分钟。

3. 交谈

谈话内容一般为大学生所熟悉的话题。要求考生根据规定的角色和情景进行交谈。交谈双方或采用讨论的方式，对某个问题发表看法，或采用辩论的形式，阐述自己的观点。在此类考试中，参与考试的学生将有 3 分钟的时间进行准备，之后是 4 分钟的交谈时间。

具体评分标准如表 5-1 所示。

表 5-1　英语专业四级口语考试评分标准

等级	复述	即席讲话	交谈	语音语调	语法与词汇
优秀	能有条理地复述所听材料的详细内容	能紧扣所给的题目，有条理地进行即席讲话，内容充实，言语流畅，无不必要的停顿	能根据所规定的情景和角色灵活自如地进行双向交流	语音准确，发音清晰，语调自然	语法基本正确，明显错误很少；用词恰当，词汇量丰富
良好	能有条理地复述所听材料的重要内容	能紧扣所给的题目，较有条理地进行即席讲话，内容比较充实，讲话中有少数不必要的停顿，但对交际无影响	能根据所规定的情景和角色比较灵活地进行双向交流	语音准确，发音清晰，语调较自然	有少数明显的语法错误，但不严重；用词较为恰当，词汇量较为丰富
合格	能复述所听材料的重要内容，但条理性不够	能就所给的题目进行即席讲话，但内容不够充实或少部分内容不切题，讲话中不必要的停顿次数较多，基本不影响交际	交谈内容与所规定的情景和角色大致相符，基本能进行双向交流	语音基本准确，发音较清晰，语调有点不自然	有少数严重语法错误，但不明显影响交际的进行；用词基本恰当，词汇量尚可
不合格	遗漏重要内容，或复述内容与所听材料有较大出入	能就所给的题目进行即席讲话，但条理性不够，内容简单或与题目毫无关系，讲话中不必要的停顿频率太高，严重影响交际	和对方交谈有明显的困难，不能进行双向交流	语音不准确，发音不清晰，语调不自然	有严重语法错误，明显影响交际的进行；用词错误比较多，词汇量较小

(三)英语专业八级口语考试

英语专业八级口语考试在每年的 12 月份举行。只允许高校英语专业四年级本科生参与考试。考试形式为录音，参与考试人员需要在语音实验室内根据考试要求回答相关问题，答题语音将以录音的形式保存下来。

考试时间截止，各考点相关工作人员需要将考生的磁带封存并在规定时间内送到指定评分点。考试内容为三部分：英译中、中译英和评论。考试时间约 25 分钟。

1. 英译中

英译中的语音材料为外籍人士的讲话，内容涉及社会、政治或经济等方面。讲话长度为 2~3 分钟，约 300 词，其中需要翻译 150 词左右。讲话的录音播放两遍。第一遍播放讲话的全文，目的是让考生初步了解口译材料的背景和大致内容，此时考生不需要进行口译。第二遍分段播放所需口译的内容。考生可以边听边做笔记。每段后有开始口译和停止口译的提示声。

2. 中译英

中译英的语音材料为中国人的讲话，涉及社会、政治或经济等方面的内容。讲话长度为 2~3 分钟，约 400 字，其中需要翻译 200 字左右。该题型考核方式的步骤和英译中相同。

3. 评论

评论的内容一般与国内外社会、政治、经济、科技等方面的热点问题相关。具体任务信息以书面形式发给考生，考生准备 4 分钟，评论 3 分钟。

具体评分标准如表 5-2 所示。

表 5-2 英语专业八级口语考试评分标准

等级	英译中能力	中译英能力	评论能力	语音语调	语法与词汇
优秀	能将讲话的绝大部分内容准确翻译出来，表达流畅	能将讲话的绝大部分内容准确翻译出来，表达流畅	评论切题，内容丰富，条理性强	语音准确，发音清晰，语调自然	语法基本正确，明显错误很少；用词恰当，词汇量丰富

续表

等级	英译中能力	中译英能力	评论能力	语音语调	语法与词汇
良好	能将讲话的大部分内容准确翻译出来，表达比较流畅	能将讲话的大部分内容准确翻译出来、表达比较流畅	评论切题，内容比较丰富，条理性较强	语音准确，发音清晰，语调较自然	有少数明显的语法错误，但不严重，不影响交际的进行；用词比较恰当，词汇量较为丰富
合格	能将讲话的基本内容较准确地翻译出来，表达基本流畅	能将讲话的基本内容较准确地翻译出来，表达基本流畅	评论比较切题，但内容不够深入，有一定的条理性	语音基本准确，发音较清晰，语调有点不自然	有少数严重语法错误，但不明显影响交际的进行；用词基本恰当，词汇量尚可
不合格	漏译、误译严重，表达不流畅	漏译、误译严重，表达不流畅	评论不切题，或内容过于肤浅，或缺乏条理性	语音不准确，发音不清晰，语调不自然	有严重语法错误，明显影响交际的进行；用词错误比较多，词汇量较小

（四）全国英语等级考试

全国英语等级考试是教育部考试中心负责设计并实施的全国性英语水平考试体系。应试者不分年龄、学历、户籍等背景，只要具备一定的英语基础，均可选择适合自己的级别。PETS 共有五个级别，这五个级别当中的每个级别都十分重视对考生实际语言交际能力的考查。考察主要分为笔试与口试。考生自由选择任一考试类别。单项合格者可得到相应的单项合格证书，笔试和口试均合格者，方可获得教育部考试中心颁发的合格证书。

二、国外重要的口语考试

（一）新托福口语考试

托福在中国从 2006 年 9 月开始实施网考，口语考试共 6 个问题，约持续 20 分钟，每个问题的答题时间为 45~60 秒。前两题为独立口语项目，要求考生以自己的经历和观点为依据作答，后 4 题为综合口语项目，要求考生在回答前阅读或听一段材料。

第一题，考生会被要求讲述一个熟悉的人、地方、物品或事件，比如：一个你去过的地方，一件你生命中重要的事情，一位对你产生很大影响的人或者一项你喜欢的运动等。

看到问题后，考生有 15 秒的思考时间，然后有 45 秒的作答时间。准备时，可以用笔写下简略的提示。答案往往既要描述是什么又要解释为什么。在答案中应当包括具体的细节或例子，这样你的描述会包含更多的信息，解释让人更容易理解。

第二题，考生需要在两个可能的行动、境遇或观点中选择一个自己偏好的，并用理由、解释、细节或例子来支持选择。实际上，选择哪个并不重要，重要的是否能很好地说明这样选择的理由。同问题 1 一样，考生有 15 秒的考虑时间和 45 秒的回答时间。

第三题，首先，一段和校园生活有关的短文会出现在屏幕上，然后考生会听到两个人（有时是一个人）讨论这个话题。考生将会被问到一个和刚才看到听到内容相关的问题，准备时间为 30 秒，回答时间为 60 秒。这个问题的话题可能包括学校的政策、规章制度、计划、校园设施、校园生活质量等。阅读文章很短，通常是 75~100 词，学生将会有充足的时间去阅读它（40~45 秒）。读完文章后，会听到一段时长为 60~80 秒的对话，主要讨论刚才看到的文章所说的内容，其中一个人会强烈地支持或反对这项提议（建议），并且说明他的理由。接下来，考生就会被问到一个问题，回答这个问题不需要自己的观点，只需要阐述某个说话者的观点，并总结他持有那个观点的理由。

第四题，先阅读一段学术主题的短文，然后听一段教授的讲话，再回答一个问题。这个问题的话题可能涉及经济学、生物学、社会学、物理学和人文科学等。回答时间为 60 秒，阅读短文长度为 75~100 词，它为理解后面将听到的演讲提供了背景知识。

第五题，先听一段讨论校园相关话题的短对话，对话时长为 60~90 秒，然后回答问题。在对话中，两个人会讨论一个难题和两种可能的解决方案。考生需要简短地描述一下这个问题，总结两种解决方法，然后说明自己倾向于哪种方案，并对选择做出解释。回答时间为 60 秒。

第六题，学生先听一段长度为 60~90 秒的教授讲解或课堂讨论，然后概括材料大意，抓住重要信息，略去次要细节，并流畅、连贯地表达出来。听力材料的内容紧紧围绕一个话题展开。举例来说，如果中心话题是解释某种过程，教授往往会解释这个过程的若干个功能；如果中心话题是关于一个理论，教授就会阐述这种理论的应用；如果讨论的是一种现象，教授往往会通过具体的例子来解释它的因果关系。

评分员重点关注三个方面：

（1）口语表达：考生的语音、语调是否正确，话语是否清晰流畅。

（2）语言使用：考生是否能够运用词汇和语法表达准确的意思，习语使用是否恰当，语言是否丰富多变等。

（3）话题展开：考生的回答在内容上是否做到观点明确、论据充分、层次清晰、过渡自然。

（二）雅思口语考试

国际英语语言测试系统，也就是我们通常所指的雅思考试。雅思考试面向的群体主要是准备出国学习、工作或定居的人们，且他们所前往的国家是使用英语的。雅思考试共分两类，包括学术类与培训类；其测试项目共有四部分，即听、说、读、写。这项考试的满分为 9 分。

雅思口语考试不会超过 20 分钟，一般在 11~14 分钟。在口语考试过程中，考生会与考官面对面进行交流，交流形式为一对一。雅思考试的考官都是经过认证的以英语作为母语的外籍人士。同时，雅思考试从开始到结束，都会在录音中进行，这是为了保证考试程序能够得到全方位正确执行。

雅思口语考试按照评分"1~9"划分为九个等级，其所采取的是四项分解评分制。考官会分别对考生口语的流利与连贯、词汇资源、语法范围与准确性和语音四个单项予以评分。最终，电脑测试管理系统会将考官给出的分数进行转化，得出学生的雅思口语成绩。

（三）剑桥商务英语证书口语考试

Business English Certificate（BEC），即商务英语证书考试，它的举办方为剑

桥大学考试委员会。这项口语考试主要目的是对考生在真实工作环境中能否拥有足够的英语交流能力进行考查。在欧洲乃至全球，BEC 成绩得到众多教育机构、企业的认可，因而无论是对求学者还是求职者而言，它都能有力地证明英语语言交流能力。

初级、中级、高级是新版 BEC 考试的三个等级。对于刚刚从高中毕业或刚刚走入大学的学生来说，初级考试更为合适。而对于通过大学英语四级以上考试或大学英语专业三年级的学生而言，可以尝试中级考试。而其高级的难度水平则超过了大学英语六级，和专业英语八级较为接近。

新版 BEC 考试同样包括听、说、读、写四部分内容，这四项考试内容评分均衡，分别占总成绩的 25%。

一般而言，在进行 BEC 口语考试时，考生是两两分组。但是偶尔遇到考生人数为奇数的情况，那么最后一组就会包含三个人，相对应的，口语考试的时间也会进行合理的延长。BEC 初级、中级、高级的口语考试时间各不相同，成梯度延长，分别为 12 分钟、14 分钟和 16 分钟。这项口语考试共有两位主考官，分别负责不同的工作。由一位考官对考试进行组织，同时负责给每一位考生打出总体印象分；由另一位考官对考生进行观察，同时负责给每一位考生进行具体评分。新版 BEC 考试的评分依据含四方面内容，分别为语法与词汇、话语组织、语音和互动交际。

通过本节的介绍，大家对目前国内外比较重要的口语考试能有个大致的了解，为自己以后将要面对的测试早做准备。现在网络资源非常丰富，为备战各类考试提供了极大的便利，所以，如果想对某种考试进一步深入了解，我们可以借助网络搜集更多的信息，获取更多的免费资源（比如历年考试真题），从而大大地节约考试的成本。

第三节　口语测试的题型与评价

一、口语测试的题型

（一）大声朗读

我们经常使用的口语测试题型中就包括"大声朗读"。特别是对于初学者来说，它是非常合适的口试方式。当然，我们也可以在综合性口语测试中将"大声朗读"作为组成部分。一般采用这种方式来检查考生对语音、语调及重音的掌握。

这一测试方法要求考生大声朗读一段文章或一个对话的一部分，其中考官或另一名考生朗读另一角色。通常情况下，考官会将要求朗读的材料提前交给考生，让其稍做准备后开始朗读。

"大声朗读"测试法有其自身优点，在对测试进行组织时，组织者可以自行对考查重点加以选择，对测试难度予以控制，以便更贴合测试目的与需求。很多人可能觉得朗读是比较简单的测试，其实不然，朗读不仅要求读得通顺，还要求读出感情，读得声情并茂，这就需要考生具有一定的语言水平，能够准确地对语言材料进行理解，不仅知其然，更知其所以然。

不过，朗读实际上属于技能范畴，也就是说只要我们有针对性地进行训练，往往都能将语言材料读得活灵活现，因此单靠"朗读"，还不足以反映考生真实具备的口语能力。

同时，大声朗读也有其自身的缺陷，因为它和口语使用语境并不相符，而且使用朗读进行口语测试，某种程度上是混淆了考生的口语能力与阅读能力。

（二）重复句子

这种测试方法适合初学者，也可以用来作为分班测试或者是诊断性测试。考查考生对语音语调的掌握情况。这些句子可以由考官来读，也可以事先将要让考生重复的句子录制在磁带上。重复的句子可以是陈述句（包括短句及长句）和疑问句（包括一般疑问句、特殊疑问句、选择疑问句及反义疑问句）。

简短和语法简单的句子对于短期记忆和模仿是非常有效的，但是对于超过一定长度的句子，考生必须对他所听到的内容进行加工，与自己的语法知识和储存的信息相比较，进行再次加工，然后重复。句子长度可以从一个词到15或20个词，超出这个长度的句子在自然交谈中是很少见的，对于大部分讲本族语的人来说，重复这么长的句子也是很困难的。句子的安排可以从易到难，从短到长。可以把学生重复完的句子录制下来。这样做的好处是节省了测试时间，教师的评分不受时间的局限，还可以细致分析并判断出学生的语音掌握情况。同时，学生也可以事后自己听或互相听，从而发现自己的不足以便日后改进自己的语音面貌。

但是这种口语测试的方式没有语言产出，更提不上互动和交际性，所以考查不出学生的口语熟练程度。

重复句子可以有以下两种变换方式：

（1）重复逐渐加长的句子。

需要重复的句子可以从一两个词开始，然后逐渐加长，一次增加一个词，直到考生的重复出现明显错误时停止。给出同样长度的另一个句子，如果还不能正确重复，那么此项任务就到此为止。最后一个成功重复的句子的单词个数可以用来计算得分。在准备这些句子的过程中，需要多次试验以验证出句子的难易程度。

（2）重复在某一特定语言范围内的句子。

根据测试目的的不同，可以选择和构建出要重复的句子。例如，教学大纲中包括的语言结构或功能要点、重点的常用词汇、第一语言干扰的语言点、语音相近的词、不同的语境中同一句子的不同重音和语调等等。在评分标准中，要注明只有正确重复每个句子的要点才可以得分，可视测试的具体情况给出每个句子的得分要点。

（三）讨论或对话

两个人谈论共同感兴趣的话题，这在日常生活中是最自然不过的事情。但它却是语言测试中最难做到的，因为只有双方都很放松并且充满信心，彼此之间才能擦出火花，才可能出现谈话占据主导地位而语言测试暂时退居从属地位的理想状态。这样的口语测试会达到最高程度的真实性。

在讨论或对话中，虽然考官是测试的主体控制者，但是他会随着考生的兴趣转换话题。确切地说，考官与考生共同决定着其主题和方向，并且双方的语气、音调和音高、面部表情及肢体语言都参与了这种协商和商议。正是这种自然谈话的特点使得测试更具有真实性和交际性。

在测试中，如何在短时间内创造一种合适的氛围对于考官来说是一种挑战，因为人们对测试所持有的固有态度以及通常所采用的测试方式使考生与考官之间产生了一定的距离并阻碍了积极氛围的产生。与此同时，考生面临的挑战是如何做出回应。像对话、提问题、表达意见这样的连续讲话要比单句对话难得多，因为它首先要求考生有思想或看法，同时要组织得合乎逻辑，并且要不停顿地表达出来。这些显然是更高级的口语能力。

在测试的这种氛围中，多数人会本能地倾向于保持安静，只有在被要求讲话时才讲，而不是主动开口。因此这种讨论或对话的测试方法可能会让那些性格外向、爱说话的考生相对受益些。

因此，如果我们在参加口语测试时需要进行讨论或对话，应当破除保守心理，不要害怕"开口说"，特别是回答考官的提问时，不要太过简单。考生要对自己的心态进行进一步调整，与其把面临的讨论当成一场测试，不如把它当成日常的聊天，考官就是与自己交流的朋友，从而营造出更为自然的讨论环境，让交流变得更从容、更主动。这时候，占据主导地位的其实是"谈话"本身，而非"测试"，这更有利于考生自身口语水平的发挥。

这种讨论或对话的测试方法有多少变换方式呢？我们可以从不同的角度尝试不同的方法来适应具体情况。比如说可以试着变化时间、地点和参加测试的人。

所谓变化时间指的是在测试时不必遵守固定的时间限制。如果考生在测试的过程中很放松，有很多思想要表达，那么可以适当延长时间，接着谈下去；如果觉得双方无话可说了，那么测试就可以提前结束。

如果测试不需要专门的设备，就可以选在普通的地方进行（如教室、办公室或者校园的某个角落）。环境越自然，测试因素所起的主导作用就越小，考生也会表现得越自然。与此同时，在测试时，可以避免让下一名考生在外面等候的方式，而是选择鼓励考生加入讨论中。这样一来，考生可以在相对自然的环境中相对放松些，以便更好地发挥出口语水平。

其中的话题可能与之前的活动有联系。考官也会借助一个或多个开放式的问题让考生讨论或做对话。在中级测试中，讨论的话题有很多，如"学习外语的重要性。""学习外语的最好的方法是什么？""你认为今后语言学习的方法会怎样改变？"而在高级测试中，讨论的话题自然就相对复杂些，如"你认为在当今社会人们为什么制造出这么多的废弃物？""我们该如何保护环境，使之不受废弃物的影响？""政府和居民，谁应该采取行动减少废弃物？"

（四）口头报告

对于"口头报告"这项测试，考生可以预先进行充足的准备，同时，教师可以允许考生在做报告的过程中对自己准备的提纲进行参照。在做报告时，教师还可以鼓励、引导考生使用PPT课件、挂图等辅助手段，以便更好地完成报告内容。在口头报告结束之后，考官需要围绕报告有关内容，对考生进行提问。如果口语测试非常正式、严格，考生不能进行事先准备，也可以允许考生在拿到题目后进行几分钟的简短准备，再开始口头报告。

采用"口头报告"测试题型时，教师要特别注重选择口头报告的话题，话题中应当包含一些新信息，使用一些新视角。同时还要注意，这些话题不要太过偏僻，应当为考生所熟悉，或关联着考生的需要。因为过于特殊、偏僻的话题在一定程度上会影响考生的发挥，不能如实反映考生正常的口语水平。

(五)考生与考生之间的共同讨论,做出决定

在这种测试题型中,两个或更多的考生共同参加测试,不需要考官的参与。这项任务包括从书面材料中获取信息、得出结论以及就某些问题通过小组讨论达成一致意见。这其中重要的是讨论而不是最后的结论,因而通常情况下没有唯一的正确答案。测试前要告知考生评估的不仅是他们谈话的内容,还会考虑表达方式及如何论证自己的观点。

在测试过程中,既可以现场评估出考生的表现,也可以先录音再评估。

提供给考生的材料可能是真实的文献、表格等,也可能是专门为测试而编制的。不管是哪种情况,材料应该短小、简洁以避免将口语测试变为阅读理解测试。材料必须经过精心地挑选或准备,其可供考生选择的可能性也必须充足且多样化,给考生留有足够的讨论空间,并且其中不能包含明显的最佳选择。

(六)角色扮演

采用"角色扮演"题型进行口语测试时,教师需要在题目中讲述某一事件或者故事的主要情节,并设置具体角色。考生可以假装自己身处该事件或故事之中,选择一个角色进行扮演,以所扮演角色的身份与他人(考官或者其他考生)展开对话。在对话中,考生的言谈不仅要保证流利与准确,还要能够符合角色的身份设定,保持得体与适当。在对"角色扮演"进行设计时,教师应当先明确本次测试目的,再围绕该目的将考查点确定下来。

对于"角色扮演"这种测试方式,有的考生非常喜欢,在扮演他人的过程中,他们往往可以充分发挥想象力,展现自己的口语交际能力;但是有的考生并不太适应,因为他们不太愿意被设定为其他人,认为这会影响自己口语的表达能力。

实际上,在一些文化中,角色扮演被视为不同寻常,因此是一种令人不安的行为,尤其是在教育环境中。一些人很不乐意装扮成别人,劝说只能增加他们的不安。因此人们在角色扮演的能力方面存在着文化和个体的差异,这些差异并不能反映语言水平的差异。

(七)面谈

面谈是口语测试中最常见的一种方法,它借鉴了现实生活中面试的特点,被认为是"测试口语交流最为理想的形式"。对许多人而言,它也是唯一的一种口试形式。面谈,顾名思义,就是在测试过程中,考生和考官面对面,非常直接地进行沟通交流。

面谈有着较为固定的程序，往往会被提前安排好所有步骤。在面谈时，每一道程序都会由考官主导、控制。因而，考生的交谈实际上就是在回答考官提出的问题，或回应考官提出的要求。

在面谈测试中，也许会含有多个话题，并且围绕这些话题的讨论都应当是充分的。考生可以对话题展开深入探讨，拓展性地对自己的观点进行表述，从而全面地向考官展示自己所具有的口语交际水平。

根据面谈的时间，我们可以安排不同的测试步骤。假如面谈时间控制在5~8分钟，则可以这样安排程序：

（1）请考生进行自我介绍（通过简单而礼貌的社交问题让考生缓解紧张情绪，渐入佳境）。

（2）对考生的口语交际水平进行了解（通过考生对一系列问题的回答或对相关话题的讨论，大致了解其口语水平处于何种层次）。

（3）对上述评定进行再检测（在初步确定考生口语水平后，可以分别提出一些高于该水平、低于该水平的问题，并通过考生的回答情况再次予以确定）。

假如面谈时间控制在10~15分钟，可以这样安排测试程序：

（1）请考生进行自我介绍，并可以做一些预备练习。

（2）对考生的口语交际水平进行大概的确定。

（3）对考生的口语交际水平进行更准确的评估。

（4）引导考生表达自己的观点，了解考生在口语交际方面存在的强势和劣势，也可以给考生一定的机会，使其对之前交流中所犯的错误予以更正。

（5）对考生测试情况进行整理，并对考生予以反馈。假如程序允许，可以告知考生本次口语测试其所取得的成绩，也可以倾听考生对本次测试的感想。

在口语测试过程中，考官要时刻谨记以下问题：

第一，对于考生在交流时出现的错误，不要过多地进行纠正。

第二，对于考生在交流中出现的停顿或者沉默，不要下意识地进行填充。

第三，尽量让考生自由回答，除非必要不应予以打断。

第四，要聆听考生所阐述的观点，不要将自己的观点强加于人。

（八）考生之间的描述和再创作

在这种测试中，主要由A、B两名考生一起参与。其中，A考生会看到一个模型，之后向B考生（B考生无法看到模型）进行描述，形容出该模型是如何设计、如何构造的；而B考生则通过这些描述，对这一模型进行还原构建。进行描述的 A 考生看不到重新构建的模型，因此他不知道他的描述是否成功。

这种方法主要评估描述的准确性和是否有歧义，随着模型的完成或重新搭建的准确程度，交际成功与否也得到评估。考生交换角色，换一种模型重复刚才的任务。采用的材料尺寸、颜色和形状越多，其引发的语言越多样化。

如果运用最简单的方式，即从一个考生的描述到另一个考生的构建，那么其引发的语言是单向的。对此方法稍加改动，构建者可以问问题查询或明确模型说明，这就是一种很好的引发描述性提问的方法。可以将待描述的模型摆在考生面前，也可以由考官在考生面前搭建模型，由考生对每一个步骤进行描述。

通过这种方式，考官可以对考生的描述做出回应，甚至可以根据考生的描述改变模型的设计。这样可以检测考生语言的特点并给他提供自我修正的机会。这是一种很好的检测对具体事物进行描述的方法，考生需要掌握描述颜色、尺寸和位置的语言技能。这项任务是具有交际性的，因为两个考生都希望准确地将信息传递给对方以便成功地完成他们共同的任务。我们在现实生活中都会遇到描述物体及事物的相关位置的情况，因此这种测试任务是具有真实性的。

在实际的测试中，可以采取几下三种变换方式：

（1）对合作伙伴进行描述。

两个考生配对合作。其中的一名考生到另一个房间去观察模型原型，然后回到房间对他的伙伴描述模型，并由该伙伴复制模型。描述者不能用手帮助构建，但是他可以提供语言帮助，修正或解释他的描述。构建模型的考生不能去看原型，但他可以让同伴去察看回来进行描述。显然，属于非语言技能的短期记忆和空间观察能力会对执行这项任务有所帮助。

（2）查阅地图或寻宝。

一个考生根据地图向另一个考生描述一条预定路线。另一个考生在没有标记的地图上跟随同伴的描述，或使用手指，或用铅笔标记。在描述结束时，他在地图上清楚地标记出终点。这项任务用于考查考生给出准确而清楚的方向的能力。

为了简化任务，地图上可以给出更多的街道名称或其他参照物。为了增加任务的难度，两个考生手中的地图可以稍有差异，为增加路线者创造询问描述者的机会，比如两幅图中名称稍有不同或其中一幅图漏掉一些细节。

（3）比较模型。

在上述提到的方法中可以增加一道程序，由考生对重新建构的模型与模型原型进行比较，询问他们的观点。如有可能，让他们解释造成两个模型不同的原因。

这种交际中确认与分析错误的能力是一种很好的语感体现。

（九）填充表格

填充表格指的是考生和考官合作完成的。问题通常涉及考生的个人情况、职业状况或语言需要。如果由考生写下答案，会延长测试时间，并且考生会明显感觉到不仅在考察他的口语能力还在考察他的写作能力。

另外一种方法是，在口头讨论前给考生 10~15 分钟的时间填表，考官以填完的表格为依据进行面谈型测试。在这种情况下，表格可以为考官提供信息以便进行下一步的讨论。

使用的表格可以采用生活中曾经用过的（如入学注册、关于考生的统计数据、鉴定表的一部分）；也可以是上述表格的改编；或者是专门为测试设计的表格。

这项活动具有真实性。填表是我们日常生活中经常会遇到的（尤其是当涉及机构或官方培训项目）。有时是由相关的官员填表，但是他们会问一些问题以便填入最准确的答案。表格的填充也是具有交际性的，因为它可以为一个明确的目的得到以前不知道的信息。它可以使记录者或考官利用填入的信息进行讨论，引发叙述或描述，或者找到共同的兴趣点。

填充表格这种测试形式最常用的变换方式就是使用问卷。这是一种广泛使用的教学方法。表格要求填入一些事实性的个人情况或历史、问卷涉及个人品位或爱好方面的细节，比如食品、饮料、音乐、娱乐、电视节目、运动、个人爱好、假期等等。应提前让考生对测试任务有心理准备。测试氛围尽量轻松，测试情景越富有人情味越好。

（十）做出适当的回应

为考生提供一系列短小、不相关联的情景。这些情景可以从日常生活中选取。情景可以以书面形式给出，也可以由考官朗读这些情景，或者二者兼有。

考生被要求设想处于每种情景下并提供他认为恰当的口头回应。设计的情景是容易描述和理解，至多需要一两句的回答。这些情景用于引出功能性语言，比如询问信息、道歉或婉言谢绝邀请。通常会有两种或三种恰当的回应方式。如果考生没有作答，考官应该弄清楚考生是否明白情景，并且一定要避免一些文化上的误解。

其变换方式是做出公式化的反应。

考生可能会直接处于需要做出恰当回应的情景中，这时回应需要使用一定的礼貌社交公式。

比如：

"I am sorry you had to wait so long."（"That's quite all right."）

"My name is John Smith."（"I'm Pierre Leclerc."）

"How do you do?"（"Fine,thanks.And you?"）

"Have you had a good weekend?"（"Yes,thank you."）

"It's a nice day today,isn't it?"（"Yes, it is."）

"Did you have any trouble finding your way here?"（"No,none at all."）

在面对面口语测试的开始阶段，可以尽可能自然地使用这些真实的谈话开始语。

（十一）提问与回答

在提问与回答中会包含一系列问题，这些问题没有什么关联性，并且难度各异。测试开始时，考官可以向考生提问较为简单的问题，之后慢慢将问题换成长难句。考官所提出的问题往往彼此无关，也就是说不会发展为一场围绕某一主题的谈话。也因此，提问与回答很适合采用录音测试的形式。

在测试开始之前，需要告诉考生回答问题的时间限制，同时应当鼓励考生，尽量答满规定的时间，并且尽可能多地进行阐述。

考官可以提出各式各样的问题，如下列较为常见的示例：

"How old are you?（你多大了？）"

"What sport do you like?（你喜欢什么运动？）"

"Do you like to learn English?（你喜欢学英语吗？）"

当然，提问范围也不一定都要围绕现实中的事情展开，考官可以假设一些情境予以延伸。例如：

You spent the weekend camping with some friends.What did you do?

（在周末的时候，你和好友们一起露营，你都做了些什么呢？）

If you could change to any other job,what would you choose to do and why?

（如果可以更换一份工作，你会换成什么职业？为什么这样选择？）

如果我们只需要满足一般的口语测试目的，那么"提问与回答"就是一种常见且实用的测试题型。这种题型有着多种不同测试形式，这里简要介绍三种：

（1）在提问时使用不同的类型。

考官可以选择不同类型的问题进行提问，如提出选择型问题，让学生进行选择并回答原因；再如提出观点论述型问题，由学生简要阐述观点；还有诸如描述型问题、假设型问题等。有一点需要注意，那就是无论选择何种类型问题，这些问题的先后顺序通常应当按"简单→困难"进行排列。

（2）向考生给予线索，由考生进行提问。

考生不仅要会回答问题，还要会进行提问，这样才能在现实的口语交际中做到游刃有余，因而考官也可以在"提问与回答"环节中对考生的提问能力进行考察。懂得提问也是一种必备的技能。

（3）说出名称。

考官可以针对某事或某物向考生进行提问，例如：

What is this?（这是什么？）

How do you say this in English?（这用英语怎么说？）

通过这些问题，考官可以对考生所掌握的基本词汇量进行考察。

（十二）朗读待填充的对话

考生拿到的对话只显示了对话的一部分。给其几分钟时间通读对话，准备补充待填充的部分。考官在测试时朗读已有的对话，考生将漏掉的部分补充完整。这种方法的目的在于让考生明白待填充部分的功能性含义。一个好的待填充对话不只是提供一系列待回答的问题。通常，它会限制考生填充部分的选择范围。

假如考官对具有较高口语交际水平的考生使用"待填充对话"题型，那么可以对其提出额外要求，让他们在作答时加入更为复杂的语言功能，如进行提醒、寻找借口、给予警告等。考官可以根据填充对话的难易程度调整考生准备的时间。假如对话较为简单，准备时间也应相对减少。这是因为，"待填充对话"测试除了要考查考生是否能够通过上下文填充适当对话，还应考查考生在这种真实交际情境下是否具有较快的反应速度。

（十三）使用图片或图片故事

测试开始前，给考生一张或一系列图片，然后让考生描述图片或图片故事，允许他们有一定的自由发挥。在考生描述完图片或讲述完故事，或是在描述过程中出现犹豫、造成停顿时，考官可以将事先设计好的问题向考生提问，并通过问答了解更多信息（如考生未能描述清楚或有所遗漏的要点。）

考官通常不直接问图片的主题，而是询问考生对与图片主题相关话题的态度和看法。如果测试的目的不是要考察词汇量，可以为一些有难度的词汇提供解释（比如在图片下列出一个词汇表）。

一张图片或卡通故事通常包括4~12个画面。故事虽然简单，但是允许考生就其中的人物或事件加入自己的解释。图画是专门为测试而画的，不要包括很难描述的物体或涉及特殊文化背景。单幅图片通常选用一张照片，不是专门为测试拍摄的，但却是经过精心挑选、适合测试的。无论是一张还是一系列的图片，它（它们）的作用都是由对人、物和事件的描述导入对相关问题的解释和讨论。

使用图片或图片故事的测试形式有如下几种变换方式：

（1）使用相似的图片。

在大量相似的图片中，考生描述其中的一幅。这些图片在一些细微但重要的细节上存在着差异，这些差异细微到什么程度要取决于考生的语言水平。考官提前并不知道考生要描述哪幅图片，而是要根据考生的描述找出那幅图片。从理论上讲，这是一项更具有交际性的任务。

另外，还可以在考官的图片上用字母或其他方式做出标记，而在考生的图片上则没有标记。考生必须判断出每个标记与哪幅图片相配。

另一种方法类似于杂志和报纸上常见的"找差异"漫画。考生要描述出图片之间的差异。

（2）将图片排序然后编故事。

给考生几张分散的图片或照片，让考生进行排序并以此为依据编故事。正确的顺序不止一个，评分也不应以顺序的对错为标准。这项任务的目的在于让考生把握他们所描述的事件，从而激发的创造力和想象力。

（3）采用现场表演。

考生被要求对一个人的行为进行描述——可以放一段录像，也可以由另一个人在房间里或看得见的地方进行表演，还可以由考官模仿一些具体的动作。

这是一种测试低水平阶段的有效方法，可以包括一些简单的行为，比如吃饭、读书、穿衣、打电话等等。

（4）根据图片说词汇。

在简单的词汇测试中，向考生一张一张地展示图片，由他们说出图片上物品的名称。最好选择那些出现频率低但用途广泛的物品，比如"button, tap, toilet, soap"，这些词是日常生活中常用的，但是在语言中出现的频率不高。考官可以根据总体印象进行评分，也可以根据正确说出的物品数量给分。

此外，还可以采取计时的方法，比如在30秒内计算出考生能正确说出物品名称的数量。

对于高水平阶段的考生，可以选一些偏难的词汇进行测试，比如"tugboat,

handstand, candlestick, flowerpot"，或者涉及一些特殊领域的词汇，比如工具、家具、烹调器皿、运动、动物、交通手段、水果和蔬菜等等。通过试测确定不同词汇的难度值，尽可能提高区分的准确度。

（5）创造时间和时态差异。

在每幅画的一角标出时间、日期和星期几。这样可以直接创造出时态背景，可以迅速激发考生运用恰当的时态并有助于保持测试的连续性。或者，将时间、日期和星期几以钟表、日历的形式用单独的图片表示出来。

（十四）给出说明、描述、解释

给尽量少的准备时间，让考生描述一个大家都熟悉的物体、制度或日常程序。描述要符合事实，所描述的事物为人们所熟知或很容易理解。选择大家熟悉的事物可以促使考生就某一话题进行连贯论述，并且考生可以有很大的自由表达空间而不需要额外准备。例如：

"Describe how to prepare a favorite dish from your country."

像"描述如何准备最爱吃的一道菜"这样的问题可以有许多不同的答案，可发挥的余地较大。但这些问题的主要特点是需要考生表达到一定程度才能解释清楚。它有以下两种变换方式：

（1）详细地表达个人观点和态度。

让考生任意选择一个话题谈几分钟。这些话题通常是人们普遍关心的当前发生的一些事件，并且是仁者见仁、智者见智。考生不仅要表达他对问题的看法，而且要给出他持此观点的原因。在考生讲完后，考官可以问一些问题以弄清某个要点或者进一步与考生探讨论点。这项任务的重点是让考生展示其运用语言论证观点的能力。

（2）解释与工作或学业相关的术语。

对于那些有着学业和职业目的的考生，需要解释的话题可以从小范围的专业领域选择。也可以让考生对一些专业术语进行详细的描述或解释，但是术语不应太难，否则就变成了测试专业知识而不是语言能力。比如，让理科学生解释操作某个仪器的目的和方法、让经过专门培训的技术人员解释他们所熟悉的机械或电子系统的工作原理、让经济学专业的学生评价最新的财经或商业新闻。

（十五）摘要、复述故事、听短文

让考生听一段录制好的短文或故事，然后进行复述或概括。这种方法训练考生的短期记忆和信息提取能力。这项任务要求考生具备理解——加工——生成系列技能。它有以下两种变换方式：

（1）讨论语境。

考生首先复述或概括，然后推测材料的语境——谁在对谁讲话？事件发生的时间和地点是什么？这段文章的前面有可能说了些什么，之后会说些什么？这篇短文出自何处——戏剧？小说？纪录片？个人回忆录？报告文学？也可以让考生想象，如果他是当事人，接下来他会说些什么或做些什么？

（2）传递信息。

在测试中，一个现场谈话参与者向考生陈述信息，再由考生将信息传递给考官。信息可能简短而实用，如：请转告玛丽今天下午这个房间要用来测试，问问她今天能否借用一下其他房间。信息也可能是故意包含几个具体细节，如：请帮我转告玛丽因家里临时有事，本来答应替她代周三的课，现在上不了了，让她再找其他人代课吧。信息可以完全是提前准备好的，也可以是谈话参与者临时编的，那么考官根本猜不出考生会对他说些什么，或者只知道大概的信息，但在测试后要确认信息传递的准确度。

信息的提供方式可以有所不同，如：

（1）在测试开始前给出信息。过几分钟后，或者在测试开始时先进行其他活动，再由考官询问信息。

（2）考官离开房间，谈话参与者进来找考官，发现他不在，便将信息告诉考生并让他转告考官。

（3）在进行测试的房间还有另外一个人，即谈话参与者或评估者，考官借故离开几分钟，让考生在他离开期间了解一些谈话参与者的个人情况，如姓名、工作、家庭背景、个人爱好等。在考生回来后，让考生概括他所了解的情况。这种方法很适用于填表测试。

（4）在测试过程中有两名考官，他们分别负责不同的部分。一名考官让考生将信息传递给第二名考官。

（十六）口译

口译，顾名思义，就是用一种语言传达另一种语言所表述的内容，传达的方式为口头表达。口译属于脑力劳动，在进行口头翻译时，翻译人员往往会精神高度集中、紧张，因为既需要对原语所表述的信息进行接收，同时还要对其快速地分析、整合，再转换成译出语，流利而准确地进行表达。口译测试的形式也与交际的情景（如商务谈判、领导致辞、参观访问等）很相近，并且采用戴耳机听录音然后录下译文的半直接型录音口译测试的做法。鉴于口译具有现场性、即席性、即时性和交互性的特点，译者应具备一系列的素质（如语言知识能力、言外知识能力、心理能力等）才能完美地胜任此项任务。

二、口语测试的评价

（一）口语测试的评价考量

口语测试不同于笔试，它是一种主观的测试，因此在对考生进行评价时，得出的结果也往往带有较强的主观性。想要保证口语测试评价结果的客观公正并不是一件简单的事，为了达成这一目的，很多国家的专家、学者对口语打分量表进行开发，尽可能地让口语测试评价结果呈现更为合理的状态。

口语测试的打分量表通常包括总体性量表和分析性量表。在总体性量表中会说明口语不同等级之间存在何种区别，但并不会说明这些不同等级的构成情况。同时，总体性量表往往不包含专业术语，因而评分者在实际使用该量表时能够更好地对不同考生的口语表现进行把握，同时能够更好地对每个考生留下的整体印象进行总结。而分析性量表则包括3~5个标准，并且会对这些标准划分不同等级，有针对性地依次进行描述，同时规定相应的分数。利用分析性量表对考生进行评价，会得出一组详细的分数。分析性量表也有着独特的优势，其能够更为详细地指导评分者的评分行为，同时还能够显示出考生口语交际能力的优势与劣势，并进行较为全面的说明。

不过，无论选择总体性量表还是分析性量表，通常来说，英语口语测试考察的能力都是固定的，主要包括语篇管理、互动交集、语法和词汇，以及语音。

1. 语篇管理

语篇管理主要对考生对语篇的建构提出要求，拥有较强语篇管理能力的考生能够运用多种方式（如描述、说明、论证等）对语篇进行建构，建构出的语篇应是完整的、具有意义的。如果考生级别相对较低，那么在他们建构语篇的过程中，可以适当放低要求，不必追求流利、无停顿、不磕巴，允许出现犹豫或者中断等情况。但是有一点是需要明确的，那就是他们表述出来的内容即便存在错误，仍应当是有意义的，能够被人所理解。而如果考生级别较高，那么要求也自然有所提高。这类考生在组织语言时应保证流利顺畅、停顿自然，并且表达要有逻辑性，能够让人快速理解。同时，他们构建出的语篇应具有以英语为母语的人的思维，表述上更为地道。

  2. **互动交际**

  互动交际是一项非常重要的能力，它关系着考生能否与人进行流畅的对话与讨论。拥有良好互动交际能力的考生，能够顺利地发起对话，还能够自如地转换话题，同时在参与讨论过程，可以用适当的语速与节奏表达自己的观点，对他人的观点进行回应。

  因此，在测试互动交际能力时，部分题型除了需要学生对问题进行回答，还需要学生自己提出问题、提出建议，这其实是在考查他们是否能够主动地发起对话。显然，很多学生对这种题型很不适应，他们习惯了回答问题，却很难主动地进行提问。因此，考生应当有针对性地补齐短板，对发起会话能力加以训练，让自己做好充足准备，更从容地面对口语测试中会出现的各种题型。在准备过程中，考生还可以收集一些资料，如包含互动交际的录像，通过观看与研究，学习经验、避免问题，同时汲取一些实用性强的固定表达，积累更为地道的英语表述。

  相对于发起会话，话轮转换要更为复杂，因为它涉及很多具体问题，如什么时候开口参与讨论、自己针对某一问题发表观点的时长、怎样流畅切换到其他话题等。当我们使用母语与他人进行交流时，往往是通过直觉来解决上述问题，能够自然而然地完成讨论。然而如果使用的是第二语言，那么就需要一定的技巧，从而有意识地去完成一次对话。

  现实中，话轮转换并没有固定的规则，通常是由不同的语言与文化决定的。讨论中多少人同时说话、能否允许他人打断讲话、讲话时停顿多长时间……在这些方面都会存在一定差异。

  但我们也可以了解到一些话轮转换约定俗成的基本规则，比如在交流的过程中，一般是一个人进行表达，其他人倾听。讲话时，讲话人会有着流畅的过渡，不会出现过长的间隔（沉默）或者重叠的情况。假如同时出现两个人讲话，为表礼貌，正在讲话的人会停止表达，让另一个人表述自己的观点。而一旦出现较长时间的沉默，应当有人进行打破，否则就会让讨论陷入尴尬的境地，参与讨论者会觉得很不舒服。

  3. **语法和词汇**

  不论口语测试有着怎样的级别，都会考查如下内容，即是否能够准确使用语法与词汇，是否能够使用复杂的语法结构，是否拥有丰富的词汇积累等。如果考生级别较低，在表达时应当减少词汇重复，减少句法结构重复，使用有限的固定表达而如果考生具有中级水平，那么在表达时应当做到流畅自然，所使用的词汇相对丰富，语言结构也要更复杂些，允许出现较少的语法错误或用词不当，但这些错误不能过于严重。而对于那些具有高水平的考生而言，不仅要求其使用的语法结构复杂多变、使用的词汇丰富灵活，能够实现细致描述，还要求表达贴合语境，所展现的态度、观点更为确切、深刻。

4. 语音

语音是口语表达的外在形式，是所有口语考试的评估对象。在评估语音时，主要是评估考生单音发音情况，能否实现连贯发音以及是否具有停顿、重读等韵律特征。

（二）口语测试考官培训

口语测试包括很多人为因素，有来自考生方面的（如身体状况、测试时是否紧张等），也有来自考官方面的。为提高口试的信度，在大规模的口语测试中，考官培训是口试前必不可少的环节。对于考官的培训分为施考员培训和评分员培训。

1. 施考员培训

对施考员进行培训是保证口语测试的效度和信度的有效方法之一。通常认为，这种培训可以减少但不能完全消除评分误差。直接口试时一般采取施考员和考生面对面的形式。因此，施考员的表现在一定程度上会影响着考生口语水平的发挥。为了使考生能够正常地表现其口语能力，施考员的态度应尽量和蔼，偶尔可以点头表示赞许或鼓励，并且在测试的过程中集中精力倾听考生的陈述。另外，施考员的语音要正确，用语要规范，讲述测试要求、考题及发指令时要清晰明了，同时注意尽量少说话，让考生在规定的时间内多说。如果口试时需要用到语音室的一些设备，那么施考员要确保在测试前熟练操作这些设备，避免正式测试时出现差错。

2. 评分员培训

在正式进行评分员培训前，应该先组织专家组对不同口语能力等级的典型考生的录音样本进行评分，以此来帮助确立具体的评分细则。然后再向评分员详细讲解评分标准的制订原则，每个等级及描述语的具体含义，使评分员先有一个整体的感性认识。然后，可以拿出专家评过的样本，让每个评分员根据评分标准独立评分。将其结果与专家组的评分结果做比较。对于出入较大的评分员应该帮其分析原因，使其尽快掌握评分标准，保证评分质量。在试评结束后，再让全体评分员针对在试评过程中出现的问题进行讨论，然后得出结论，统一认识。

（三）口语测试评价的信度和效度

在一份口语试题设计好以后，如何评判它的好坏呢？本书将重点谈一下衡量口语测试质量的信度和效度。

1. 信度

只有具有可信度和有效性的测试，才是真正科学的测试。因此，对于口语测试来说，信度与效度至关重要。其中，信度更是占据首要位置，因为如果一场测试评价结果不可信，那么"有效性"更无从谈起。

在教育与心理测量中，"信度"就是测试出的结果精确度情况，或者出现的误差大小情况。在定性信度并对其进行刻画时，我们可以引入"信度系数"。信度系数介于0~1的区间之内，当它的数值为最高值"1"的时候，表示该测试结果可靠度为100%；而当它的数值为最低值"0"的时候，则表示该测试结果完全不可靠，如果使用同样的测试来测试同样的学生，得出的分数可能天差地别。

很明显，在进行口语测试时，我们都不希望它的信度系数为"0"，但信度系数为"1"的测试又不存在，因此现实中，测试的信度系数总会在"0~1"之间徘徊。拉多（Lado）曾提出这样的信度评价理论，即正常的口语测试信度系数应当位于"0.7~0.79"区间范围内。

同时，我们也可以用测量的标准误对信度进行定量与刻画。在经典理论中，标准误＝n次成绩的标准差÷n的平方根（其中n是指同样的试题测试了n次）。

我们可以采用三种不同的方式来对口语测试的信度进行检验，即考后复考法、对半法和平行试题法。

其一，考后复考法。这种方式是当考试结束后，对同一批考生，在相对较短的时间内再次进行测试，测试题目需要与第一次相同。两次考试结束后，对所得到的两个分数进行排序，并对其相关性加以计算。考后复考法存在一定缺陷，那就是很难去把握两次考试之间应当间隔多长时间。假使相隔时间过短，那么考生还会保有第一次测试时的印象，那么重复测试的分数就很难反映其实际水平；而假使相隔时间过长，在中间这段时间内，考生也许已经提高了自己的口语能力水平，那么第一次的分数就会不再准确。

其二，对半法。在使用对半法时，考生只会经历一次测试。评卷员会按照奇数、偶数将测试题目的题号划分两半，对两半所得分数的高低排列的相关性进行计算。

其三，平行试题法。在测试前，不仅要准备好原试题，还要再设计一套和它形式相似、内容相近的试题，两套试题难度相当。考官可以让学生连续完成这两套试题，或者中间间隔非常短的时间，最后对两次成绩高低排列的相关性进行计算。

考生与评卷员都会对测试信度造成影响，下面就从这两个方面探讨提高测试信度的一些基本原则。

首先，测试的信度和试题的多少有密切的关系。如果其他条件都保持一致，那么测试题目增加，测试信度也会随之升高，相对应的，误差就会变小。当然，这并不意味着要一味追加测试题目，因为假如在测试中考生遇到了超量的测试题，那么很可能在作答时会出现疲劳情况，答题效率变低、质量变差，测试结果不能反映其真实口语水平，测试信度反而会下降。通常来讲，在对考生进行大规模测试时，应当将客观题数目控制在100左右，这样比较符合实际情况；而在设置主观题时，主要需考虑试题难易程度、复杂情况以及答题时间。如果题目较难、答题时间较长，那么主观题数目需要适量减少。目前，大多数的口试多限于朗读、回答问题、看图描述等。这种测试方法的局限性在于信度较低，不利于测试考生在真实情景中的互动交际能力。

考生与考生之间往往有着能力上的差异，而口语测试的成绩刚好能够反映这种差异，即能力高的考生会拥有更高的分数。因此，如果考生之间存在较大的口语能力差异，那么口语测试就会具有更高的信度。

然而同时我们也要看到，试题的难易程度往往影响着测试分数，因而也关系着测试分数能否真实地对考生之间能力差异进行反映。比如，在一次口语测试中，测试题目过难，那么大部分的考生都会得到较低的分数；而当测试题目过于简单的时候，几乎所有学生都会拥有不错的成绩。在这两种情况下，考生之间的差异就很难被真实反映出来。所以，在设计测试题目时，我们应当保证题目处于中等难度范围，让考生与考生之间能够拉开距离，呈现出能力的差距，从而让测试信度更高。

还要注意的是，在测试开始之前，考生应当做好充足准备，对测试要求、试题形式、答题方式等相关信息了然于心。如果考生完全不了解考试的相关内容，那么测试开始后就会因陌生而让精神更加紧张，同时还要分散出精力去熟悉情况，很难发挥出真正的水平。如果考生采用了错误的答题方式，那么其测试成绩更会受到严重影响，测试信度自然也会"大打折扣"。同时，过于笼统、灵活的试题往往会造成答案的不确定性，在评分时势必会增加评分员主观因素的影响，从而降低了测试信度。

说明试题要求的指导语也要明确易懂，避免使用长句，要保证应试的考生能正确领会试题规定的各项任务。

最后，影响测试信度的还有测试情景。这里所说的"测试情景"包括测试的时间、程序，考场的纪律，评分的标准等，属于广泛意义。想要让测试信度更高，在测试时间、程序和考场纪律等方面需要保持统一，而在评分标准方面，就要慎之又慎，既要尽可能地估算到考生会给出的答案，又要对正确回答进行确定，最后制订合理、适当的评分标准，最大限度降低评分员进行评分时的主观随意性。

为了让测试结果更加可信，我们可以采用"试评"的方式，在试评得到一致通过后，继而展开正式评阅，这样也能让测试信度得到提升。此外，我们还要对评分员进行培训，既增强他们的职责意识、使命意识，使他们认真对待评阅工作，又保证评分员能够全面掌握评分标准，对其拥有统一认识，减少评阅时主观意识对评价结果的干扰。这样就会让不同评分员之间存在的误差变得更小，同时尽可能地避免同一评分员评阅不同测试结果时出现前后不一致的情况，更好地对测试信度予以保障。

2. 效度

效度的各个方面都很重要，应该尽可能地大量收集不同形式效度信息，收集信息之后就需要仔细认真地筛选。

我们既要从表面效度来对口语测试进行衡量，又要同样注重内容效度。口语测试所表现出来的表面可信度和公众对其的接受程度都是表面效度。寻求这种效度的最好办法是问参与测试的有关部门人员。考生一般也会提出有价值的客观评论，这与他们的个人表现无关。

试题内容和命题理念之间存在的关系是内容效度的研究对象，也就是说，内容效度研究的是该口语测试内容在测试考生口语表达能力时的有效程度。每一场口语测试都被寄予这样的希望：通过测试，能够收集到有关考生口语能力的更为全面、客观且准确的信息。

也就是说，如果我们想要让口语测试在效度上得到提高，在对考生口语能力进行衡量的时候，就要采用多样化的方式进行。当我们设计口语测试时，可以让测试中的口语任务更加多元化，从而对不同交际能力进行更加细致的考查。

同时，口语测试性质不同，我们需要侧重的部分也有所不同。对于采用形成性评价的口语测试而言，教师可以记录下每一次口语测试结果，形成相对应的曲线图，在期末时对学生的口语能力提升情况进行直观而系统的分析；对于采用终结性评价的口语测试而言，教师就要在试题内容的选择上多下功夫，同时注重考试安排上的穿插，在最大限度上保证每一名考生的测试待遇都是均等的，都能拥有同样的自我表达机会，避免出现部分考生讲的机会多、部分考生讲的机会少等问题。

我们应当从整体角度来看待口语测试的效度，尽管对于测试来说，可能某一方面的效度有着显著的重要性，然而当我们对测试的整体效度进行确定时，就必须要对其进行通盘考虑。测试的语言能力要反映出考生在真实情景中的口语交际能力，这也是口语测试的要求。如果一套口语试题涉及了测试目的以外的内容，那么这套试题的效度就会变得相对较低。

因此，唯有对口语测试的信度与效度予以保障，我们才能通过测试真实地、合理地、公正地考查出考生的口语水平。

第四节 口语测试备考策略分析

本节主要对口语考试的备考策略进行分析和探讨，希望能为考生在应对各类口语测试的过程中提供帮助。

一、了解测试基本信息，做到有的放矢

通过本书前文介绍，我们了解到了多种多样的口语考试形式，看到了灵活多变的测试题型。古语有云，知己知彼，百战不殆，想要更好地应对口语测试，我们就要充分了解、掌握测试的信息内容，如测试采用何种组织形式、有着怎样的流程、测试题目的范围等，在接下来的学习与训练中，就可以有针对性地进行训练。这样，无论在口语测试时遇到怎样的题型，我们都能以熟练的技巧加以应对。

在现实中有时会出现这样的现象，由于学生具有较高的英语水平，也非常自信于自身的口语交际能力，觉得口语测试"小菜一碟"，因此也不做准备。其实，这是一种错误的认识。因为即便自身有着良好的口语能力，但是不对考试进行充分了解与准备，不对自己的能力进行强化训练，那么考试的时候往往很难发挥出最佳水平，无法取得更好的成绩。并且，只有当我们掌握了口语测试相关信息，知道"怎么考""考什么"，才能更加从容地应对测试的每一个环节，并及时对自己的考试节奏进行调整，否则就很可能出现慌里慌张、手忙脚乱的现象，影响口语测试中的发挥。

二、调整心态，控制情绪，积极应对

对于口语测试来说，考官是这场测试的评定者，而学生则处于被评定的一方，因此，当考生参加测试时，常常觉得自己是和考官"对立"的，结果就是看到考官便开始不自觉紧张，平时流利的对话变得磕磕巴巴，答不出自己的真实水平。

诚然，每一名考生最关心的就是口语测试的结果，但是在进行考试时，我们不妨换种心态，将"考试结果"放一放，不要当这是一场考试，仅仅把它看作与他人的一次对话，全身心投入进和考官的沟通交流上，确保彼此的讨论友好、流畅而有效。而且，考官基本上都是非常和善的，在面对他们的时候，我们完全没必要太过紧张。

如果我们能够在口语测试时调节好心态，从容、积极地面对，那么其实从一开始就超过了许多人。试想，如果我们是考官，一个学生状态紧张、表达拘谨，另一个学生则落落大方、敢于交流，我们肯定也会对后者感到欣赏，青睐有加。

因此，当我们参加口语测试时，一定要发挥自己的积极性、主动性，向考官展现自己交流的意愿，像朋友一样与其交谈，营造出友好的沟通氛围。切记，不要因为紧张或者害怕出错而仅仅简短回答，或者干脆不敢发声。

三、口语能力和语言基础并举，不可顾此失彼

很多人会有这样的发现，如果在英语环境中生活一段时间，即便没刻意学习、训练，自己的口语能力也会得到很大提升。然而一旦离开了英语环境，过不了多久口语能力又会跌回原样。因此，想要提升口语能力，非常重要的一点就是持之以恒地保持语感、培养语感，一刻也不能松懈。不然，停滞一段时间后，我们就会发现自己的口语能力出现倒退，再想找回从前的好状态便需要付出更大的努力。

当然，"开口说"只是提升口语能力的一方面，在保持语感的同时，我们也要不断强化学习语言基础知识，让自己的听、说、读、写、译能力得到进一步提升。因为语言基础也是口语能力的重要影响因素，如果没有扎实的语言基础作支撑，我们在对话时就很难做到流利与准确。

四、加强语篇和交际策略意识的培养

要想在口语交际时更加从容自信，我们就要提升自己的语篇能力。具有良好语篇能力的人，能够在交流过程中自然而然地发起话题、发展话题、转换话题，

谈话所用的语句不仅连贯，也更具有逻辑性，容易被他人所理解。

提升语篇能力需要从两方面着手，第一，对有关语篇的理论知识和处理技巧进行学习，同时要有意识地进行积累，将一些程式化的语言深谙于心，这样在构筑语篇时就能随时拿出来使用；第二，光学会理论知识和处理技巧还不够，我们还需要对其加以运用，多讲、多说、多练习，让自己创造出更多的高质量语篇，在实际运用中感受语篇组织技能，并得到提升。

在前文我们已经提到过交际策略，在进行口语测试时，我们也需要采取一定的交际策略，让自己和考官或考生的互动时刻保持良好状态。比如，当我们想要获得更加充足的思考时间时，可以在对话中适当使用"well""you know""I mean"等填充词；当我们不知道该如何对某事物进行描述时，可以采用迂回的方式，从侧面对事物加以解释，让对方心领神会……这些交际策略都能够帮助我们更好地完成沟通交流。

在现实中，当我们进行交际时，常常是在无意识间使用交际策略，但我们同样可以通过训练掌握交际策略的使用方法，让交流变得更愉快、更顺利，实现言而有理、言而有效。

五、注重各类背景知识的兼收并蓄和思维训练

当我们与他人进行交流时，其实最重要的还是在于所谈论的内容。如果谈话内容没有重点、没有逻辑，很容易让人不感到知所云。因此我们不仅要注重口语表达，更要对表达的内容加以重视，既要言之有物，又要言之有理。一方面，我们可以强化思维训练，让自己的表述更具逻辑性，实现环环相扣、前后呼应；另一方面，我们也要多多涉猎其他领域的知识，广泛了解人文领域、科技领域的内容，让自己见多识广。如果能够做到以上两点，那么在口语测试的问答、讨论等交流过程中，我们就可以实现听得懂、说得通、讲得全，展示出更强的口语能力。

六、内化需要循序渐进，不能临时抱佛脚

一分耕耘、一分收获，流利而准确的口语表达，来自内化于心、为己所用的语言材料。有的考生平时不用功，口语测试时开始着急，想走"捷径"，即把考题答案生硬地背下来。但事实表明，这样的"捷径"不过是错误道路，生硬背下来的语句只是短暂地进入了大脑，却没有内化到内心深处，因而不能被灵活运用，导致测试时讲得磕磕巴巴，异常艰难；何况考试的时候考生很容易紧张，将勉强

背下来的东西忘个干净。

当然，这并不是说我们不能进行背诵。背诵语言材料本身就是积累的过程，我们要将功夫下在平时，不仅要背诵丰富的语言材料，更要反复重复，直到掌握它们，能够随时随地调出来应用。这时，即便测试时有些紧张，我们也不容易出现"忘词"问题，更能够运用自如。

七、学会"单兵作战"和"集体攻坚"相结合

当我们一个人学习的时候，往往注意力会更加集中，也能够静下心来思考问题，学习效率自然也随之提高。因此，在准备口语考试的绝大部分时间，我们最好不要依赖于老师、家长或者同学，应当坚持"单兵作战"，集中精力攻坚克难，快速实现语言水平、交际能力的提升。

但口语测试与其他测试有所不同，它的测试内容不是一个人自顾自地说，而是需要和考官或者考生一起讨论、交流，有的时候还需要和他人合作完成项目。因此，在我们准备口语考试时，也要额外花费时间进行"集体攻坚"，比如和同学组成搭档，针对测试题目完成模拟训练，并在训练中找到自己存在的问题，加以攻克。这样也有利于事先熟悉题型，做好充足准备，等到正式考试的时候就能不慌不忙，游刃有余地应对。

在我们对口语测试进行准备的过程中，其实也是在对自我进行挑战，不断实现自身能力的提升。备考虽然不易，却能让我们得到锻炼、收获感悟，对处理生活中存在的其他问题也有所帮助。希望大家都能向着自己的目标不断前进，以充分的准备应对挑战，取得更好的成绩。

参考文献

[1] 刘丽萍. 如何走出英语口语教学的困境[J]. 校园英语, 2021（51）: 151-152.

[2] 杨维瑜. 分角色讨论组在大学英语口语教学中的应用研究[J]. 校园英语, 2021（50）: 38-39.

[3] 曹颖."二语习得理论"下的英语教育专业英语口语课程教学策略研究[J]. 林区教学, 2021（12）: 96-99.

[4] 李洪季. 基于SPOC的混合式学习在应用型高校英语口语教学中的应用[J]. 创新创业理论研究与实践, 2021, 4（21）: 160-162.

[5] 杨洋. 英语口语教学的创新思路分析[J]. 山西青年, 2021（17）: 115-116.

[6] 李姗. 翻转课堂模式在大学英语口语教学中的应用研究[J]. 校园英语, 2021（34）: 14-15.

[7] 邓超. 二语习得理论在英语口语教学中的应用[J]. 英语广场, 2021（22）: 125-127.

[8] 白玲. 浅析二语习得理论对英语口语教学的启示[J]. 家长, 2021（22）: 187-188.

[9] 洪娟娟. 翻转课堂模式在大学英语口语教学中的实现[J]. 海外英语, 2021（9）: 40-41.

[10] 付晓倩. 二语习得中显性和隐性知识在英语口语教学中的作用[J]. 海外英语, 2021（9）: 21-22, 28.

[11] 颜莹. 基于流利性和准确性英语口语教学策略[J]. 文科爱好者（教育教学）, 2021（2）: 28-29, 51.

[12] 万宗琴. 跨文化交际策略在英语口语教学中的应用[J]. 山西青年, 2021（7）:

112-113.

[13] 孙雪. 本科英语口语教学现状及外教教学策略 [J]. 中国冶金教育, 2021（1）: 14-17.

[14] 牛沂昉. 高校英语教学中的口语能力培养策略探究 [J]. 山西青年, 2021（4）: 74-75.

[15] 杨春和. 浅析提高英语口语教学的途径与策略 [J]. 英语画刊（高中版）, 2021（5）: 49-50.

[16] 陈晨. PBL教学法对英语口语教学的应用研究 [J]. 海外英语, 2021（02）: 145-146.

[17] 冯国群, 罗鸣, 管文娟. 合作学习理念下的高职英语口语教学改革 [J]. 职业, 2021（1）: 82-83.

[18] 弓卫平. 大学英语教学加强口语训练的必要性及策略 [J]. 文教资料, 2021（1）: 208-209.

[19] 郭阳爽. 雅思口试对大学英语口语教学的影响分析 [J]. 校园英语, 2020（46）: 12-13.

[20] 胡木兰. 提升英语口语教学质量的措施探析 [J]. 成才之路, 2020（29）: 113-114.

[21] 张玉. 支架式教学模式在高职英语口语教学中的应用 [J]. 武汉冶金管理干部学院学报, 2020, 30（3）: 82-84.

[22] 金黎静. 谈英语教学中提高学生口语能力的研究 [J]. 智力, 2020（26）: 49-50.

[23] 侯晓莹. SPOC基础上高职高专英语口语教学模式探究 [J]. 科教导刊（上旬刊）, 2020（25）: 67-68.

[24] 白钰. 听说法与交际法在英语口语教学中的应用 [J]. 校园英语, 2020（27）: 104-105.

[25] 朱婧. 重视口语教学活动, 提高学生"说"英语的能力 [J]. 英语画刊（高级版）, 2019（27）: 41.

[26] 金金. 大学英语四六级口语测试与雅思口语测试对比研究及启示 [J]. 才智, 2019（21）: 67.

[27] 张艳萍, 张伟平. 基于合作学习理论的大学英语课堂口语教学设置 [J]. 知

识经济，2018（21）：179-180.

[28] 郑海棠. 交际法理论在英语口语教学中的应用 [J]. 英语广场，2016（5）：104-106.

[29] 施小霞. 浅论英语口语教学活动的组织 [J]. 中学英语之友（下旬），2011(9)：13.

[30] 石玉英. 英语口语教学活动中的任务设计 [J]. 甘肃教育，2008（2）：43.